어제는 패션,
오늘은 쓰레기!

패스트패션

사진출처

국립중앙박물관_ 16p 가락바퀴, 뼈바늘

셔터스톡_ 19p 러프 패션 그림 / 20p 1910년대 여성 노동자, 1910년대 공장 / 22p 한복 / 23p 누에고치 / 26p 목화 / 31p 아랄해 소금 사막, 메마른 아랄해 / 39p 다양한 옷차림 / 40p 패스트 패션 / 41p 패스트 패션 매장, SPA 브랜드 / 44p 폴리에스테르, 나일론 / 45p 아크릴 / 60p 세계 아동 노동 반대의 날, 아동 노동 반대 의류 / 63p 의류 쓰레기 산 / 64p 농장의 밍크, 털 채취 / 65p 거위 털 / 76·110p 청바지 / 82p 탄소 중립

위키피디아_ 19p 푸프 패션 인쇄물

국립민속박물관_ 24p 삼베옷, 삼베 고쟁이

연합뉴스_ 58p 라나플라자 붕괴 사고 / 59p 방글라데시 의류 노동자

국제공정무역기구_ 68p 공정 무역 인증 마크

어제는 패션, 오늘은 쓰레기! 패스트 패션

ⓒ 이명희, 2023

1판 1쇄 발행 2023년 10월 30일

글 이명희 | 그림 뿜작가 | 감수 서울과학교사모임
펴낸이 권준구 | 펴낸곳 (주)지학사
본부장 황홍규 | 편집장 김지영 | 편집 박보영 이지연 | 교정교열 김새롬
디자인 이혜리 | 마케팅 송성만 손정빈 윤술옥 박주현 | 제작 김현정 이진형 강석준 오지형
등록 2010년 1월 29일(제313-2010-24호) | 주소 서울시 마포구 신촌로6길 5
전화 02.330.5263 | 팩스 02.3141.4488 | 이메일 arbolbooks@jihak.co.kr
ISBN 979-11-6204-154-3 73300

잘못된 책은 구입하신 곳에서 바꿔 드립니다.

제조국 대한민국   사용연령 8세 이상
KC마크는 이 제품이 공통안전기준에 적합하였음을 의미합니다.

 아르볼은 '나무'를 뜻하는 스페인어. 어린이들의 마음에 담긴 씨앗을 알찬 열매로 맺게 하는 나무가 되겠습니다.

홈페이지 www.jihak.co.kr/arb/book | 포스트 post.naver.com/arbolbooks

펴냄 글

 과학은 왜 어려울까?

- 생명과학, 지구과학, 물리학, 화학 등 공부해야 할 범위가 넓다.
- 책이나 교과서를 볼 땐 이해할 것 같다가도 돌아서면 헷갈린다.
- 과학 현상이나 원리가 어려워서 이해가 안 된다.
- 과학 공부를 할 때 어려운 단어가 많이 나온다.

과학 공부, 쉽게 하려면 통합교과 시리즈를 펼치자!

통합교과란?

- 서로 다른 교과를 주제나 활동 중심으로 엮은 새로운 개념의 교과
- 하나의 주제를 **역사·개념·생활·환경·사회** 등 다양한 영역에서 접근해 정보 전달 효과를 높임
- 문·이과 통합 교육 과정에 안성맞춤

이런 학생들에게 통합교과 시리즈를 추천합니다!

- 과학 교과를 처음 배우는 초등학교 **3학년**
- 과학이 지겹고 어렵게 느껴지는 **4학년**

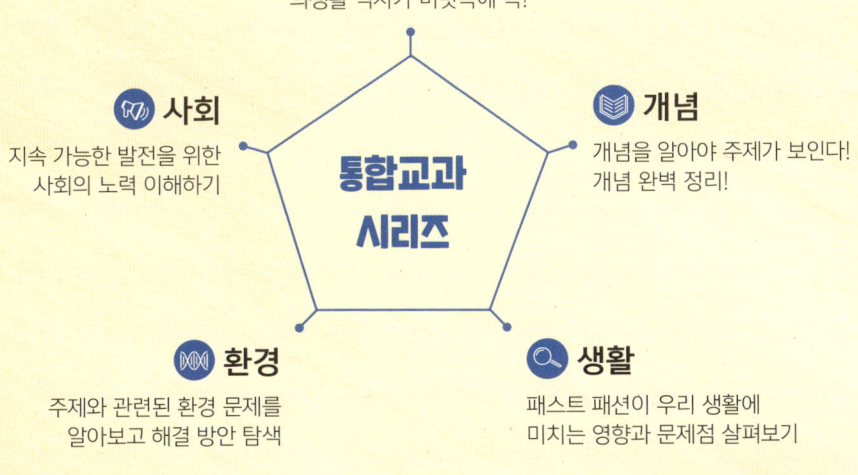

역사
과거부터 현재까지,
의생활 역사가 머릿속에 쏙!

개념
개념을 알아야 주제가 보인다!
개념 완벽 정리!

사회
지속 가능한 발전을 위한
사회의 노력 이해하기

환경
주제와 관련된 환경 문제를
알아보고 해결 방안 탐색

생활
패스트 패션이 우리 생활에
미치는 영향과 문제점 살펴보기

통합교과 시리즈

차례

1화
옷 잘 입는 아이가 될 거야 　**역사** 옷과 패션의 탄생　10

- 16　옷과 패션, 어떻게 변화해 왔을까?
- 22　우리나라의 옷, 한복이 궁금해!
- 20　패션도 시대에 맞춰 간다고?
- 26　세계사를 바꾼 목화
- 30　**한 걸음 더:** 목화가 불러온 아랄해의 비극

2화
버려진 옷의 세계로 　**개념** 더 싸게 더 빠르게, 패스트 패션　32

- 38　사람은 왜 옷을 입을까?
- 42　패스트 패션, 무엇이 문제일까?
- 40　패스트 패션이 뭐야?
- 50　**한 걸음 더:** 유행을 따르는 이유, 밴드 왜건 효과

3화
화려한 패션 뒤에 　**생활** 패스트 패션의 그늘　52

- 58　패스트 패션의 불편한 진실
- 63　패션으로 고통받는 동물들
- 61　패션이 쓰레기가 될 때
- 68　**한 걸음 더:** 함께하는 공정 무역

4화

우리의 미래가 위험해　환경　환경을 위협하는 패션 산업　70

- 76　청바지가 환경을 오염시킨다고?
- 78　패션 산업의 또 다른 그늘
- 80　패스트 패션 때문에 몸살 앓는 지구
- 82　옷장 속 탄소 발자국
- 86　한 걸음 더: 우리 함께 노력해!

5화

지구를 지키는 패셔니스타　사회　지속 가능한 패션을 위한 노력　88

- 94　패스트 패션에서 슬로 패션으로
- 96　이제는 패션도 비건 시대
- 98　쓰레기, 패션으로 재탄생하다!
- 102　한 걸음 더: 물건을 사기 전에, 프리사이클링

- 104　워크북
- 114　정답 및 해설
- 116　찾아보기

등장인물

미래
패션 디자이너를 꿈꾸는 열한 살 여자아이예요.
용돈을 아껴 옷을 사는 게 가장 큰 즐거움이지요.
같은 반 이루, 순종이와 함께 버려진 옷의 세계에
떨어지면서 패스트 패션의 위험성을 깨닫게 돼요.

이루
자라서 되고 싶은 게 많은 남자아이예요.
요즈음은 발명가를 꿈꿔서 늘 연필을
가지고 다녀요. 새로운 아이디어가 떠오르면
재빨리 기록해야 하니까요.

옷과 패션, 어떻게 변화해 왔을까?

사람은 오늘날에 이르기까지 다양한 옷과 패션을 창조해 왔어요. 패션은 특정한 시기에 유행하는 옷차림을 뜻하지요. 옷과 패션은 어떻게 변화해 왔을까요?

알몸에서 벗어나다

선사 시대 사람들은 몸을 보호하기 위해서 옷을 만들어 입었어요. 그때의 옷이 지금껏 남아 있지는 않아요. 구석기 시대 유적에서 의복과 관련된 자료는 발견되지 않았지요. 다만 연구를 통해 동물의 가죽과 털, 풀이나 나뭇잎 등으로 몸을 가렸을 것이라고 추측해요.

신석기 시대 유적에는 의복과 관련된 유물이 남아 있어요. 바로 가락바퀴와 뼈바늘이지요. 가락바퀴는 식물의 줄기나 동물의 털을 꼬아 실을 만드는 도구예요. 뼈바늘은 동물의 뼈를 갈아 만든 바늘로, 이를 이용해 동물 가죽 따위를 기웠어요. 옛날에는 이렇게 손으로 옷을 직접 지어 입었지요.

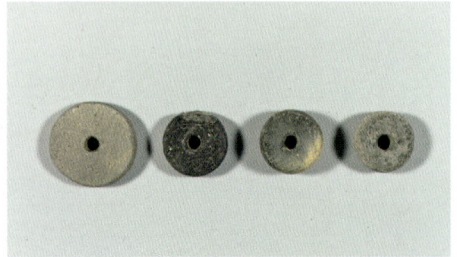

가락바퀴

뼈바늘

자연환경을 극복하다

몸을 보호하기 위해 걸치기 시작한 옷은 점점 발전해 갔어요. 그러면서 자연환경을 극복하기 위한 패션도 생겨났지요.

고대 이집트에서는 '아마'라는 식물의 줄기에서 뽑은 섬유로 옷을 만들었어요. 바람이 잘 통하는 아마포(리넨) 옷은 무더운 기후에 알맞았지요. 또 머리 위로 내리쬐는 뜨거운 햇볕을 피하려고 가발을 쓰기도 했어요.

한편 추운 극지방에 사는 이누이트 부족은 순록, 북극곰, 바다표범 등을 사냥해 고기를 먹고 남은 털가죽으로 옷을 만들었어요. 극지방 동물의 털가죽은 두껍고 방수 기능이 있어서 추위와 습기를 견디기에 좋았지요. 몹시 추운 날에는 털가죽 옷을 겹쳐 입기도 했어요.

멋을 뽐내다

시간이 흐르며 옷은 사회적 지위와 부를 과시하기 위한 수단이 되기도 했어요.

고대 중국의 비단은 아름다운 색깔과 무늬를 자랑하며 일찍부터 세계로 뻗어 나갔지요. 비단은 누에나방의 고치에서 나온 실로 만들어요. 그리고 비단이 로마 제국까지 건너간 길을 실크 로드(비단길)라고 부르는데, 동서양 교류의 중요한 통로였답니다. 그 당시 비단옷은 아주 귀해서 주로 왕이나 귀족이 입었지요.

한편 로마 시대에는 옷감을 물들이는 염료 기술이 발달해 패션이 더욱 화려해졌어요. 옷 색깔로 지위와 부를 드러내기도 했지요. 자주색 염료는 특히 비싸서 왕이나 귀족의 옷에 쓰였어요.

몇 가지 사례를 더 살펴볼까요? 1500년대부터 유럽에서는 목에 두르는 러프가 유행했어요. 러프는 천에 풀을 바짝 먹여서 주름을 잡아

만들었지요. 처음에는 얼굴 주변을 살짝 감싸는 정도였지만, 나중에는 마치 목도리도마뱀의 목주름처럼 크고 화려하게 변해 갔답니다. 고개를 돌리기조차 힘들 정도로 실용성 떨어지는 패션이었지만, 남녀 모두에게 크게 사랑받았지요.

1700년대, 프랑스 루이 16세의 왕비 마리 앙투아네트는 파리의 패션을 전 유럽에 퍼뜨리는 패셔니스타로 유명했어요. 그녀는 머리를 풍선처럼 부풀려 화려한 장식을 다는 패션, 푸프를 유행시켰지요. 푸프는 높고 화려할수록 눈길을 끌었어요. 그래서 머리 위에 쿠션과 철사로 받침대를 만든 다음 여기에 머리카락을 고정시키고 겉에 깃털이나 꽃 등의 장식을 더했답니다. 심지어 배 모형을 올리기도 했다고 전해요. 보통 머리를 오래도록 감지 않고 그대로 두었기 때문에 고약한 냄새가 풍기는 것도 모자라 온갖 벌레가 들끓었지요. 마리 앙투아네트는 푸프로 인해 머리카락이 빠지는 탈모를 겪기도 했어요. 이런 불편에도 불구하고 패션을 포기할 수가 없었나 봐요.

러프 패션이 담긴 1600년대 그림

푸프 패션을 보여 주는 1700년대 인쇄물

패션도 시대에 맞춰 간다고?

패션은 시대에 발맞춰 끊임없이 변화해 왔어요. 특히 여성이 사회에 활발히 참여하면서 혁신이라 불릴 만한 큰 변화도 생겨났지요. 화려하게 과장된 옷보다는 실용성이 강조된 옷이 만들어지기 시작했거든요. 그 배경을 살펴볼까요?

전쟁이 패션에 미친 영향

1914년부터 약 4년 동안 이어진 제1차 세계 대전은 사회를 크게 바꾸어 놓았어요. 여성의 역할에도 변화가 일어나기 시작했지요. 전쟁에 참여한 남성을 대신해 여성이 가족의 생계를 책임지게 됐거든요.

이런 흐름에 따라 여성복이 차츰 달라졌어요. 노동에 방해되는 화려하고 거추장스러운 패션보다는 실용적이면서 활동적인 디자인을 선호하게 되었지요. 또 관리가 편한 짧은 머리가 유행했다고 해요.

1910년대 공장에서 일하는 여성 노동자들

20 패스트 패션

여성에게 자유를 선물한 디자이너

1900년대, 실용적이면서 활동적인 디자인으로 여성 패션에 혁신을 일으킨 디자이너가 있어요. 바로 가브리엘 샤넬이에요. 샤넬을 빼고는 현대 여성 패션을 이야기할 수 없을 정도랍니다.

예전 여성복은 몸을 옥죄어 자유롭게 움직이기가 힘들었어요. 샤넬은 이러한 갑갑한 디자인에서 벗어나 실용적인 드레스를 선보였지요. 그뿐만 아니라 자유롭고 활동성 넘치는 여성용 바지 정장도 내놓았어요. 그 시대 여성의 요구에 잘 들어맞았던 샤넬의 옷은 곧 시대를 대표하는 하나의 스타일이 되었지요. 그래서일까요? 샤넬에게는 여성에게 자유를 선물한 디자이너, 유행을 이끄는 디자이너 등의 수식어가 뒤따라요.

오늘날, 가브리엘 샤넬이 탄생시킨 브랜드 '샤넬'은 의류뿐 아니라 향수, 화장품, 액세서리까지 제작하며 전 세계인의 사랑을 듬뿍 받고 있어요.

우리나라의 옷, 한복이 궁금해!

이번에는 우리나라의 옷을 살펴볼까요? 고조선 시대부터 이어져 내려온 한복은 우리나라의 고유한 의상이에요. 시대에 따라 모양이 조금씩 변해 왔는데, 오늘날 한복 하면 가장 먼저 떠오르는 형태는 조선 시대에 완성된 것이랍니다.

한복에 찾아온 변화

한복은 우리나라 특유의 곡선이 아름다운 옷이에요. 한복이 특별한 이유는 아름다울 뿐만 아니라 우리 민족의 역사와 문화, 정신 등이 담겨 있기 때문이지요.

시대에 따라 한복의 형태도 조금씩 달라졌어요. 한복은 크게 윗옷 저고리와 아래옷 바지 또는 치마로 이루어져 있어요. 초기의 저고리는 성별에 관계없이 엉덩이를 덮을 정도로 길었으나, 점차 짧아져 허리띠 대신 고름을 매는 형태가 됐지요. 대신 치마는 더욱 풍성해졌어요. 지금 우리에게 익숙한 한복의 형태는 조선 후기의 것이지요.

1876년 강화도 조약을 맺은 뒤로 서양의 근대 문물이 들어와 생활에도 많은 변화가 생겼어요. 서양식 옷차림이 유행하

며 한복은 특별한 날에 입는 옷이 되어 갔지요.

그러나 한복을 지키고 발전시키려는 노력은 계속되고 있어요. 한층 더 편안한 디자인과 소재를 사용해 생활 가까이 다가섰지요. 우리 민족의 정신과 아름다움을 간직한 한복! 한복은 특유의 멋으로 오늘날 세계인의 주목을 받고 있어요.

자연에서 얻은 옷감

옛날 우리 조상들은 바늘에 실을 꿰어 한 땀 한 땀 정성 들여 한복을 만들었어요. 옷감은 자연에서 얻었지요. 누에고치에서 나온 비단, 삼으로 짠 삼베, 목화에서 뽑은 무명 등을 썼어요.

누에고치에서 나온 비단

누에나방의 애벌레는 뽕잎을 먹고 자라요. 태어나서 20일 정도 지나면 입으로 곱고 가는 실을 토해 둥글고 길쭉한 집을 만드는데, 이것이 고치예요. 이 누에고치를 풀어서 비단을 짜는 명주실을 얻지요.

누에고치에서 실을 뽑아 비단을 만드는 기술은 중국에서 처음 개발됐어요. 우리나라 역시 일찍이 비단을 짜서 옷감으로 썼지요. 비단옷은 가격이 비싸고 귀해서 귀족이나 부자가 주로 입었어요.

삼으로 짠 삼베

삼 껍질에서 뽑아낸 삼실로 짠 천이 삼베예요. 베 또는 마포라고도 불리지요. 삼은 선사 시대부터 내려온 식물로, 원산지는 중앙아시아로 알려져 있어요. 우리 민족과도 인연이 깊어 고조선 사람들은 삼베로 옷을 지어 입었지요.

삼베는 공기가 잘 통하며, 수분을 빨리 흡수하고 배출해요. 곰팡이가 슬지 않고 자외선을 막는 효과도 있어 여름철 옷을 만드는 데 제격이었지요. 또 값이 싸서 일반 백성은 삼베옷을 주로 입었다고 해요.

삼베로 만든 옷

목화에서 뽑은 무명

무명은 베틀을 이용해 면실로 짠 천이에요. 베틀은 사람의 손발로 움직여 옷감을 짜는 기계이지요.

면실은 목화솜으로 만들어요. 봄에 목화 씨앗을 심고 150일 정도 지나면 하얀 목화꽃이 피어나요. 꽃은 이내 붉게 변했다가 며칠이 지나지 않아 뚝 떨어지지요. 꽃이 지면 열매가 달리는데, 열매 속에는 씨앗이 여러 개 들어 있답니다. 씨앗은 보송보송한 털로 감싸져 있어요.

이 털이 면실의 원료가 돼요.

　무명은 사계절 두루 쓰이는 옷감이었어요. 무명이 널리 퍼지기 전에는 삼베옷을 여러 겹 껴입어 추위를 버텼다고 해요. 하지만 삼베옷을 몇 겹씩 껴입어도 매서운 겨울 추위를 막기에는 부족했지요. 이를 안타깝게 여긴 고려의 학자 문익점은 중국에서 목화씨를 몰래 들여와 재배했어요. 부드럽고 따뜻한 무명옷을 입을 수 있게 된 데는 문익점의 공이 컸답니다.

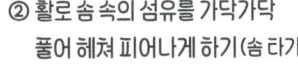

① 볕에 말린 목화에서 씨 빼내기 (씨 앗기)

② 활로 솜 속의 섬유를 가닥가닥 풀어 헤쳐 피어나게 하기 (솜 타기)

③ 솜을 판 위에 놓고 수수깡으로 비벼 말기 (고치 말기)

④ 물레에 돌려 면실 뽑기 (실 잣기)

⑤ 베틀로 무명 짜기 (베 짜기)

세계사를 바꾼 목화

목화에 대해 좀 더 알아볼까요? 수천 년 전부터 목화는 사람에게 없어서 안 되는 중요한 식물이었어요. 원산지는 인도로 알려져 있지요. 목화는 만만치 않은 손질 과정을 거친 후에야 부드럽고 따뜻한 옷감으로 재탄생했어요. 그런데 이 목화가 단순한 옷감을 넘어 산업 혁명을 일으킨 계기가 되었다고 해요. 여기에 어떤 역사가 숨어 있을까요?

목화와 산업 혁명

1700년대 후반부터 기계와 기술이 발전하며 사회 모습이 크게 바뀌었어요. 이 산업 혁명을 이끈 것이 바로 면직물이에요. 목화솜으로 짠 물건을 통틀어 면직물이라고 해요.

예로부터 인도는 면직물로 유명했어요. 1600년대 영국이 인도와 무역을 시작하면서 면직물이 유럽 각 지역으로 뻗어 나가 큰 인기를 얻었지요. 영국은 자국의 면직물 생산 기술을 향상시켜 이익을 꾀하고 싶었어요. 그리하여 1700년대에 실로 천을 짜는 방직기와 실을 만들어 내는 방적기를 잇달아 개발해 냈답니다. 이렇게 기술 혁신이 일어나기 시작한 거예요.

영국의 기술 혁신은 1733년 플라잉 셔틀(flying shuttle, 나는 북)을 발명하면서부터 시작되었어요. 전에는 베틀에 달린 도구인 북을 손으로 일일이 옮겨 가며 옷감을 짜야 했어요. 그런데 플라잉 셔틀에서는 북이 나는 듯 자동으로 움직여, 천을 짜는 속도가 배로 빨라졌지요. 그리고 1764년에는 제임스 하그리브스가 물레를 개량한 제니 방적기를 만들며, 한 번에 실을 여러 가닥 뽑아내게 됐답니다.

이후로도 기계와 기술이 꾸준히 발전했어요. 여기에 엄청난 변화를 일으킨 인물이 있는데, 바로 영국의 기술자 제임스 와트예요. 와트는 물을 끓여 생긴 증기의 힘으로 기계를 돌리는 증기 기관을 선보였어요. 덕분에 힘을 덜 들이고도 더 빠르게 더 많은 물건을 생산해 낼 수 있게 됐지요. 비로소 영국은 공장에서 기계로 면직물을 만들어 내는 시대를 맞이했어요. 이것을 시작으로 여러 분야에서 발전이 연달아 이어졌고요. 목화가 산업 혁명의 불씨를 지핀 셈이지요.

한눈에 쏙!

옷과 패션의 탄생

옷과 패션의 시작
- 선사 시대 사람들은 몸을 보호하려고 옷을 만들어 입기 시작했음. ➡ 선사 시대 옷은 남아 있지 않지만, 신석기 유적에서 가락바퀴·뼈바늘 등 옷을 만들 때 쓰던 도구가 발견됨.
- 시간이 지나며 자연환경을 극복하기 위해 옷을 만들게 됐음. ➡ 고대 이집트에서는 아마포 옷과 가발 등으로 더위를 막았고, 극지방에 사는 이누이트 부족은 동물의 털가죽으로 추위를 견뎠음.
- 옷은 사회적 지위와 부를 과시하기 위한 수단이 되기도 했음. 왕족과 귀족은 귀하고 화려한 패션을 누리며 유행을 이끌었음.

변화하는 사회와 의생활
- 사회 발전과 함께 옷을 입는 의생활에도 변화가 생겼음.
- 제1차 세계 대전 이후, 여성의 사회 참여가 활발해지며 노동에 맞는 의복이 필요했음. ➡ 이런 변화에 발맞춰 디자이너 가브리엘 샤넬은 실용성 있는 드레스, 활동성 높은 여성용 바지 정장 등을 선보여 인기를 끌었음.

우리나라의 옷, 한복

- 한복은 한민족의 역사와 문화, 정신이 담긴 우리나라 고유의 옷임.
- 시대에 따라 한복의 형태도 달라졌음. 우리에게 익숙한 한복의 형태는 조선 후기에 완성된 것임.
- 지금은 서양식 옷차림이 들어와 생활에 자리 잡았지만, 한복을 지키고 발전시키려는 노력이 계속되고 있음.
- 옛날에는 자연에서 재료를 얻어 옷을 만들었음. ➡ 귀족이나 부자는 비단옷을, 백성은 삼베옷을 입었음. 고려 시대 문익점이 목화씨를 들여와 재배 기술을 전파해 무명옷이 널리 퍼졌음.

목화와 산업 혁명

- 인도의 면직물이 인기를 끌자 영국은 자국의 면직물 산업을 키우려고 애를 썼음. ➡ 방직기, 방적기 같은 기계가 개발됐음. ➡ 제임스 와트의 증기 기관이 나오며 공장에서 기계로 면직물을 대량으로 생산해 냈음. ➡ 이것이 1700년대 후반 시작된 산업 혁명의 첫 단추가 됨.

한 걸음 더!

목화가 불러온 아랄해의 비극

중앙아시아의 카자흐스탄과 우즈베키스탄 사이에는 한때 섬들의 바다로 불렸던 아랄해가 있어요. 과거에는 세계에서 네 번째로 큰 호수로, 문명의 발상지이자 실크 로드의 주요한 물 보급지였지요. 지금은 물이 거의 말라 사막으로 변해 버렸지만요.

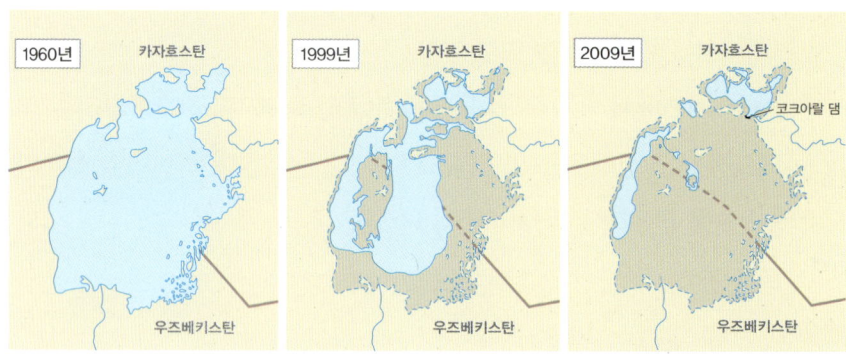

아랄해 사막화 진행 정도

사라져 가는 아랄해

아랄해의 비극은 언제 어떤 이유로 시작되었을까요? 지금은 해체된 소련이 면직물 소비가 늘자 목화를 재배할 땅으로 아랄해 주변을 선택했어요. 그러면서 아랄해로 흘러드는 강줄기를 강제로 목화밭으로 돌려 버렸지요. 이렇게 물길이 끊기는 바람에 호수가 말라 가기 시작한 거예요.

목화로 만드는 면직물은 예나 지금이나 인기가 높아요. 그런데 목화를 대규모로 재배할 때 물이 어마어마하게 들어가는 것을 알고 있나요? 1킬로그램의 면을 만들려면 욕조 40개 분량의 물이 필요하다고 해요. 이는 사람 한 명이 7년 동안 마실 물의 양과 맞먹는다고 하지요.

소련은 아랄해 주변 환경을 바꾸면서까지 대규모 목화 재배에 나섰지만 결국 실패를 맛보았어요. 현재 아랄해 지역은 물길이 끊겨 소금과 먼지만 쌓이다 결국 사막처럼 변했지요. 바람이 부는 날이면 소금과 먼지가 휘날려 주민에게 고통을 안기고 건강까지 위협하고 있다고 해요. 매우 심각한 상황이지요.

비단 아랄해의 문제만이 아니에요. 목화를 대규모로 키우느라 사막화가 진행되는 곳이 세계 각지에 있어요.

사막으로 변한 아랄해

사람은 왜 옷을 입을까?

지구에서 날마다 옷을 입는 존재는 사람뿐이에요. 동물은 두꺼운 가죽이나 풍성한 털로 몸을 보호하지만, 사람은 그렇지 못하니까요. 여러분은 어떤 옷을 즐겨 입나요? 우리가 매일 입는 옷에는 여러 기능이 있어요. 옷을 입는 이유와 옷의 기능을 알아봐요.

몸을 보호하는 옷

선사 시대 사람들은 몸을 보호하려고 옷을 만들어 입었어요. 이때는 동물의 가죽과 털, 풀이나 나뭇잎처럼 자연에서 얻은 재료로 겨우 몸을 가리는 수준이었지만요.

옷의 가장 중요한 기능은 바로 몸을 보호해 주는 것이에요. 차가운 바람이 쌩쌩 불거나 뜨거운 햇볕이 쨍쨍 내리쬐는 날, 만약 옷이 없으면 어떻게 될까요? 몸이 금세 얼거나 익어 버리겠지요? 게다가 옷

을 입지 않고 돌아다니면 여기저기 긁혀 상처가 생길 위험이 높아요. 이처럼 옷은 체온을 유지하는 데 도움을 주며, 또 외부 자극으로부터 피부를 보호해 주지요.

한 단계 더 나아가 옷은 몸이 편안하게 움직이도록 도와서 일의 능률을 높여 주는 역할도 하고 있어요.

자신을 나타내는 옷

사람이 옷을 입는 이유는 단순히 몸을 보호하는 데만 있지 않아요. 과거를 돌아보아도 자신을 꾸며 드러내는 일을 얼마나 좋아했는지 알 수 있어요. 불편과 고통을 참으면서까지 패션을 즐겼으니까요. 이렇게 옷은 자신을 나타내는 또 다른 수단으로 발전했지요.

옷을 입어서 자신을 나타내는 건 바로 표현 기능이에요. 옷차림을 통해서 그 사람의 성격이나 취향 등을 알 수 있어요. 또 사회적 지위나 역할, 직업도 알 수 있답니다. 군복, 소방복, 수술복 등을 입은 사람을 보면 직업이 한눈에 들어오지요.

옷차림이 그 사람의 인상을 좌우하기도 해요. 따라서 때와 장소, 상황에 맞춘 옷을 입어 예의를 갖추는 게 좋아요. 한 예시로, 장례식에 갈 때는 단정한 검은색 옷을 입어 슬픔을 표현해요.

패스트 패션이 뭐야?

현대 사회에 들어오면서 옷의 표현 기능이 더욱 강조되고 있어요. 이러한 흐름에 맞추어 의류 산업이 발전하며 패스트 패션이 등장했지요. 패스트 패션(fast fashion)은  그 이름처럼 유행에 따라 빠르게 돌아가요. 여기에 어떤 비밀이 숨겨져 있을까요?

패스트푸드처럼 빠르게!

햄버거나 감자튀김처럼 주문하면 빠르게 나오는 음식을 패스트푸드라고 해요. 패스트 패션도 이와 비슷해요. 유행에 발맞춰 의류를 빠르게 생산해 시장에 바로 내놓는 식이지요.

예전에는 옷 한 벌이 세상에 나오기까지 여러 과정을 거쳐야 했어요. 시간과 정성이 많이 들어갔지요. 요즘은 기계와 기술의 발달로 상황이 달라졌어요. 옷을 전보다 간편하고 빠르게 얼마든지 만들어 낼 수 있게 됐지요.

패스트 패션 기업은 의류를 기획하고 생산하는 것을 넘어 유통과 판매까지 관리해요. 이렇게 각 과정에 들어가는 비용을 낮추고 제품을 대량으로 내놓는 특징이 있지요.

패스트 패션은 최신 유행을 발 빠르게 반영한 디자인과 비교적 저렴한 가격으로 소비자에게 큰 인기를 얻고 있답니다.

패스트 패션을 이끄는 SPA 브랜드

패스트 패션을 이끄는 대표적 SPA(스파) 브랜드로는 H&M, 자라, 갭, 유니클로 등이 있어요. SPA는 'Specialty store retailer of Private label Apparel'에서 따온 말이에요. 자사 라벨 의류를 판매하는 소매상을 뜻하는데, 쉽게 말해 제품의 기획, 생산, 유통, 판매 등 전 과정을 직접 맡아 관리하는 의류 전문점을 가리켜요.

SPA 브랜드는 유행에 따라 빠르게 신제품을 내놓으며 저렴한 가격으로 소비자를 끌어들여요. 그러다 보니 옷이 너무 많이 만들어지고 쉽게 버려지는 문제가 따르지요. 더 싸게 더 빠르게 옷을 생산하기 위해 품질을 떨어뜨리거나 노동자에게 과도한 일을 맡기고 적은 임금*을 주는 문제도 있어요. 전에 비해 옷이 빠르게 완성되고, 저렴해질 수 있었던 이유를 들여다보면 결국 불편한 현실과 마주하게 돼요.

★ **임금** 노동자가 일한 대가로 받는 돈.

패스트 패션, 무엇이 문제일까?

패스트 패션 기업은 더 많은 소비자를 끌어 들이기 위해 다양한 제품을 대량으로 생산해요. 이런 특징은 사회적으로도 환경적으로도 여러 가지 문제를 낳고 있어요. 과연 어떤 문제가 있는지 한번 들여다볼까요?

소비를 부추기는 패스트 패션

옛날에는 옷 한 벌 얻는 일이 그리 쉽지 않았어요. 오랜 시간 동안 여러 사람이 시간과 정성을 들여야 했지요. 자연에서 섬유를 채취해 실을 뽑고, 실로 천을 짜고, 천을 기워 옷을 완성하려면 길게는 몇 해가 걸리기도 했어요.

현대에 와서도 옷을 생산하는 과정이 그리 간단한 일은 아니었어요. 옷을 디자인하고, 옷의 설계도인 패턴을 만들고, 원단과 부자재를 고르고, 시제품을 만드는 등의 과정을 거치면 적어도 몇 달이 걸렸지요.

그런데 패스트 패션 기업은 이 과정을 과감하게 줄여서 길게는 3주, 짧게는 2주 안에 새로운 제품을 내놓아요. 최근에는 이른바 울트라 패스트 패션도 생겨났어요. 중국 브랜드 쉬인(SHEIN)은 일주일 동안 신상품을 무려 3만 8,025개나 출시했지요.

유행은 우리의 소비 심리를 자극하고는 해요. 옷장 속 옷을 그대로 입으면 왠지 흐름에 뒤처지는 것처럼 느껴지지요. 하루가 다르게 변하는 시대를 살아가는 현대인에게 패스트 패션은 더할 나위 없이 매력적일 수 있어요. 게다가 가격까지 저렴해 지갑이 쉽게 열려요. 언제부턴가 때에 따라 변하는 유행에 맞춰 옷을 사는 소비 흐름이 생겨났어요. 여기에 기름을 붓듯, 기업은 신상품을 계속 쏟아 내 악순환을 반복하고 있지요.

패스트 패션은 사람들의 과소비를 부추긴다는 사회 문제로 떠올랐어요. 전 세계인이 매년 사들이는 의류가 약 800억 개나 된다고 해요. 또 패스트 패션의 등장으로 20년 전보다 의류를 두 배 이상 생산한다고 하지요. 이러한 과정에서 얼마나 많은 자원이 낭비되고 있을지 돌아보아야 할 때예요.

환경을 위협하는 패스트 패션

패스트 패션 기업이 제품을 대량으로 생산할 수 있는 바탕에는 합성 섬유가 있어요. 폴리에스테르, 나일론, 아크릴 등이 대표적 합성 섬유예요. 먼저 천연 섬유와 합성 섬유가 어떻게 다른지 알아볼까요?

천연 섬유는 자연에서 얻은 재료로 짜는 섬유예요. 그 종류는 크게 식물성 섬유, 동물성 섬유, 광물성 섬유로 나뉘지요. 식물성 섬유의 주성분은 식물의 몸을 이루는, 가늘고 긴 실 모양의 물질이에요. 앞에서 살펴본 목화솜, 삼 껍질 등은 식물성 섬유에 속해요. 동물성 섬유에는 누에고치에서 켠 명주실, 동물의 털 등이 있으며 주성분은 단백질이지요. 광물성 섬유는 광물을 원료로 하는데, 석면(돌솜)이 해당해요. 천연 섬유는 비교적 약하며 값이 비싼 단점이 있어요.

오늘날, 의류의 약 60퍼센트가 합성 섬유를 포함하고 있어요. 합성 섬유는 석유, 석탄, 천연가스 따위를 화학적으로 합성해 만들지요. 패션 업계에서 합성 섬유를 많이 활용하는 이유가 무엇일까요? 대표적 합성 섬유의 특징과 장점을 살펴봐요.

널리 쓰이는 **폴리에스테르**

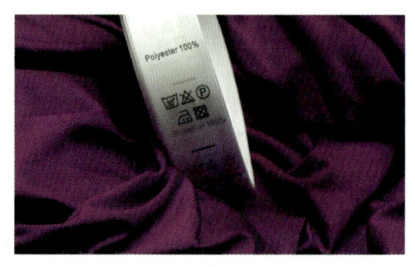

석유로부터 얻는 폴리에스테르는 합성 섬유 중에서 가장 널리 쓰여요. 잡아당겨도 잘 견디고, 탄성이 좋아 구김이 덜 가지요. 폴리에스테르 자체는 땀을 잘 흡수하지 못하지만, 빨리 말라서 셔츠 등의 소재로 알맞아요. 의류뿐 아니라 전기가 통하지 못하게 하는 절연 재료로도 쓰여요.

비단 대신 **나일론**

나일론은 비단처럼 부드럽고 광택이 나는 특징을 가지고 있어요. 나일론 전에 명주실을 대신한 인공 섬유는

레이온이에요. 레이온은 식물 섬유소에 화학적 처리를 더해 만들지요. 나일론의 원료는 석탄이에요. 개발 당시 거미줄보다 가늘고 강철처럼 강하다고 해서 인기를 끌었지요.

양털 같은 아크릴

아크릴은 석유계 플라스틱의 하나예요. 촉감이 양털에 가장 가까운 합성 섬유로, 가볍고 부드러우며 보온성이 좋아요. 양털에 비하면 덜 부드럽고 덜 따뜻하지만 훨씬 저렴하지요. 양털보다 탄탄하고 빨리 마르는 장점도 있어요. 또 곰팡이나 벌레에 영향을 받지 않아요.

앞에서 살펴본 것처럼 합성 섬유는 천연 섬유보다 값싼 데다 튼튼하고 질겨서 오래가요. 하지만 이처럼 좋은 점만 있는 것은 아니에요. 워낙 대량으로 생산하고 소비하는 탓에 환경에 부정적 영향을 미치고 있지요.

2015년 섬유용 폴리에스테르 제작 과정에서 배출된 온실가스는 무려 7,060억 킬로그램! 이것은 석탄 발전소 185개가 1년 동안 배출하는 양과 맞먹는 수준이라고 해요. 알다시피 메테인, 이산화탄소 등의 온실가스는 대기를 오염시켜 지구 온난화를 심하게 만들어요. 또, 항공기와 선박이 배출하는 온실가스보다 의류를 만들 때 나오는 온실가스가 더 많다는 사실을 알고 있나요? 여기서 끝이 아니에요. 버려지는 옷을 묻거나 태울 때 나오는 양까지 더하면 전 세계 온실가스 배출량의 약 10퍼센트를 차지해요.

합성 섬유는 생산 과정에서부터 환경 오염을 일으킬뿐더러 잘 썩지도 않아요. 천연 섬유는 자연에서 비교적 빨리 썩는 반면 합성 섬유는 분해되는 데 수십에서 수백 년이 걸리지요.

패스트 패션이 인기를 끌며 사람들이 옷을 쉽게 사서 쉽게 버리고 있어요. 이렇게 버려진 옷이 어디로 갈까요? 재활용하지 않으면 그냥 쓰레기로 쌓여요. 패스트 패션 산업은 시간이 지날수록 쓰레기를 폭발적으로 만들어 내요.

너무 많이 버려지는 옷 때문에 지구가 아파하고 있어요. 어제는 패션이었지만 오늘은 쓰레기가 되어 버린 옷은 환경 오염의 주범으로 꼽혀요. 그뿐 아니라, 합성 섬유 옷은 세탁할 때마다 섬유가 조각나며 미세 플라스틱을 내놓아요. 미세 플라스틱은 길이나 지름이 5밀리미터 이하로 매우 작아서, 하수 처리장에서 걸러지지 못하고 강과 바다로 흘러 들어가지요. 이 미세 플라스틱을 플랑크톤이 먹고, 그 플랑크톤을 물속 동물이 먹어요. 결국 먹이 사슬에 따라 미세 플라스틱이 우리 식탁까지 올라오게 돼요.

해양 미세 플라스틱, 어디서 올까?

합성 섬유	타이어	도시 먼지	도로 페인트
35%	28%	24%	7%

출처: 국제자연보전연맹(IUCN)

노동자를 괴롭히는 패스트 패션

패스트 패션은 또 다른 부작용도 낳고 있어요. 바로 열악한 환경과 낮은 임금으로 노동자의 인권을 침해하는 것이에요.

패스트 패션 기업은 더 싸게 더 빠르게 옷을 내놓기 위해 꼼수를 써요. 방글라데시와 같은 개발 도상국에 공장을 마련해 노동자에게 과도한 일을 맡기고 적은 임금을 주지요.

심할 경우 어린이에게 일을 시키기도 해요. 어른보다 임금이 싸니까요. 학교에서 꿈을 키우며 신나게 뛰어놀아야 할 어린이들이 공장에서 가족의 생계를 위해 일하는 안타까운 상황이 지금도 벌어지고 있답니다.

더 싸게 더 빠르게, 패스트 패션

옷의 기능

- 보호 기능: 옷은 체온을 유지하도록 돕고, 외부 자극으로부터 피부를 보호해 줌. 몸이 편안하게 움직이도록 해서 일의 능률을 높이는 역할도 함.
- 표현 기능: 옷은 자신을 표현하는 수단이 됨. 옷을 통해 그 사람의 성격과 취향, 사회적 지위와 역할, 직업 등을 알 수 있음. 때로는 옷을 갖춰 입어서 예의를 표현함.

패스트 패션의 특징

- 패스트 패션은 최신 유행을 반영해서 패스트푸드처럼 빠르게 생산해 빠르게 시장에 내놓는 의류임.
- 패스트 패션을 이끄는 SPA 브랜드는 보통 제품의 기획, 생산, 유통, 판매 등 전 과정을 직접 맡아서 관리함. ➡ 이렇게 각 과정에 들어가는 비용을 줄여 비교적 저렴한 값에 다양한 제품을 내놓음.
- 패스트 패션이 급격히 성장하며 여러 문제가 따르고 있음.

패스트 패션의 문제

- 패스트 패션이 등장하며 옷을 오래 입기보다 유행에 따라 소비하는 일이 흔해졌음. ➡ 과소비를 부추기고 자원이 낭비되는 문제가 따름.

- 패스트 패션은 값싼 합성 섬유를 주로 이용함. ➡ 합성 섬유는 석유, 석탄, 천연가스 따위를 화학적으로 합성해 만듦. 대표적 합성 섬유로 폴리에스테르, 나일론, 아크릴 등이 있음.
- 합성 섬유 제작 과정에서 온실가스가 나와 지구 환경을 망침. ➡ 패션 산업이 배출하는 온실가스는 전 세계 배출량의 약 10퍼센트를 차지함.
- 합성 섬유는 생산 과정에서 환경 오염을 일으킬뿐더러 잘 썩지도 않음. 분해되는 데 수십에서 수백 년이 걸리기도 함.
- 패스트 패션이 유행하며 옷을 쉽게 사고 쉽게 버리게 됨. ➡ 의류 쓰레기가 폭발적으로 늘어나고 있음.
- 합성 섬유 옷을 세탁하면 미세 플라스틱이 나옴. 미세 플라스틱은 크기가 5밀리미터 이하로 작아서 강과 바다로 그대로 흘러 들어감. ➡ 먹이 사슬에 따라 우리 식생활에도 영향을 미침.
- 패스트 패션 산업은 열악한 환경과 낮은 임금으로 노동자의 인권을 침해함. 어린이 노동 문제 또한 심각함.

한 걸음 더!

유행을 따르는 이유, 밴드 왜건 효과

우리는 왜 유행에 따라 옷을 사는 것일까요? 다른 사람에게 영향을 받아 그 소비를 따라가는 밴드 왜건 효과에 대해 알아보도록 해요.

남이 하면 나도 한다!

밴드 왜건은 악대 마차를 가리켜요. 미국 서부 개척 시대에 밴드 왜건은 요란하게 악기를 연주하며 사람들의 관심을 끌어모았다고 해요. 소리를 듣고 사람들이 하나둘 모이면, 이를 보고 다른 사람들도 몰려들어 행진의 규모가 점점 불어났지요.

여기에서 힌트를 얻어, 미국의 경제학자 하비 라이벤스타인은 1950년에 밴드 왜건 효과를 발표했어요. 자신의 생각보다는 많은 사람의 판단에 따라 행동하는 현상을 꿰뚫어 본 것이지요. 다르게는 편승 효과라고 불러요.

사람은 공동으로 생활하는 사회적 동물이에요. 그래서일까요? 집단에 소속되려는 욕구가 강하지요. 때로는 다른 사람의 판단에 나의 의견을 일치시키는 성향을 보이기도 해요. 옷을 살 때도 마찬가지예요. 많은 사람이 선택한 유행을 따르는 것은 어쩌면 자연스러운 일이지요.

우리 곁의 밴드 왜건 효과

길을 지나다 줄이 길게 늘어선 식당을 보면 덩달아 들어가고 싶지요? 이 역시 밴드 왜건 효과 덕분이라고 할 수 있어요. 이처럼 우리는 일상생활에서 밴드 왜건 효과를 자주 접하고는 해요. 특히 마케팅 분야에서 이 효과를 적극적으로 활용하지요. 예를 들어, 홈 쇼핑 채널에서는 '마감 임박'이나 '주문 폭주' 같은 문구를 자주 띄워요. 그러면 괜히 물건을 사야 할 것 같은 느낌이 드는데, 이는 바로 밴드 왜건 효과를 노린 것이에요.

- 패스트 패션의 불편한 진실
- 패션이 쓰레기가 될 때
- 패션으로 고통받는 동물들

한눈에 쏙 패스트 패션의 그늘
한 걸음 더 함께하는 공정 무역

패스트 패션의 불편한 진실

유행이 빠르게 바뀔수록 패스트 패션으로 인한 문제도 빠르게 쌓여 가고 있어요. 패스트 패션의 불편한 진실에 조금 더 가까이 다가가 볼까요?

패스트 패션이 불러온 사고

2013년, 방글라데시 수도 다카 근처의 사바르에서 9층짜리 건물 라나플라자가 무너져 내린 사고가 있었어요. 이 사고로 1,130여 명이 사망하고 2,500명 넘게 다쳤지요.

라나플라자는 2007년 지어질 당시에는 4층 건물이었지만, 사업이 잘되자 건물을 불법적으로 늘렸다고 해요. 이 건물에는 패스트 패션을 생산하는 공장이 있었어요. 관계자는 사고가 있던 날에 이미 건물이 위험하다는 경고를 받았지만, 노동자를 대피시키는 조치를 취하지 않았지요. 오히려 작업 일정을 맞추기 위해 무리하게 일을 시켰어요. 더 빠르게 옷을 만들어 내야 하는 패스트 패션 사업이 수많은 사람의 희생이라는 끔찍한 결과를 불러온 거예요.

라나플라자 붕괴 당시 모습

노동자의 피와 땀으로

방글라데시에는 의류 공장이 셀 수 없이 많아요. 패스트 패션 기업이 생산 비용을 아끼려고 방글라데시의 값싼 노동력을 이용하고 있으니까요.

그렇다면 라나플라자 사고 당시 의류 공장에서 일했던 노동자의 임금은 얼마였을까요? 노동자는 일한 대가로 한 시간에 고작 260원 정도를 받았다고 해요. 이처럼 터무니없이 적은 돈을 받으며 하루에 열 시간 넘게 일해야 했지요. 열심히 일해도 임금이 너무 적은 탓에 가난은 되풀이될 수밖에 없었어요.

라나플라자 사고로 방글라데시의 노동자가 열악한 환경에서 적은 임금을 받고 일했다는 사실이 세상에 알려졌어요. 소비자의 비난이 끊이지 않을 것으로 판단한 패스트 패션 기업은 공장과 계약을 재빨리 끊었다고 해요. 하지만 시간이 꽤 흐른 지금도 '메이드 인 방글라데시(Made in Bangladesh)'라고 적힌 의류를 흔히 발견할 수 있어요. 패스트 패션이 여전히 인기를 끌고 있으니까요.

우리가 더 싸게 더 빠르게 만드는 방식에 매달릴수록, 개발 도상국 노동자의 인권과 안전은 위협을 받겠지요.

방글라데시의 의류 공장에서 일하는 노동자들

3화 생활 – 패스트 패션의 그늘

학교 대신 공장으로

문제는 이뿐이 아니에요. 학교에서 공부하며 한창 꿈을 키워야 할 어린이들이 가족의 생계를 책임지고 열악한 노동 현장에 나와 있지요. 어른 임금의 절반에도 못 미치는 돈을 받거나, 심지어 10분의 1만 받는 경우도 허다해요.

안타깝게도 전 세계 어린이 중 약 1억 6,000만 명이 노동에 시달리고 있다고 해요. 이들의 상당수가 아시아, 아프리카, 남아메리카 등에 위치한 개발 도상국에 살아요. 실제로 방글라데시와 인도의 의류 공장에서 14세 미만 어린이들이 일한 사실이 밝혀진 적이 있어요. 아이들은 천과 먼지가 어지럽게 널린 환경에서 다리도 제대로 뻗지 못하고 노동에 시달렸지요.

2002년, 국제노동기구(ILO)는 아동 노동을 금지하고 어린이를 보호하기 위해 매년 6월 12일을 세계 아동 노동 반대의 날로 지정했어요. 또한 2021년을 아동 노동 철폐의 해로 정해 다시금 관심을 집중시켰지요. 이러한 노력을 밑거름 삼아 많은 어린이가 냉혹한 현실에서 해방되길 바라요.

패션이 쓰레기가 될 때

전 세계에서 매년 생산되는 옷이 무려 1,000억 개에 이른다고 해요. 버려지는 옷도 330억 개나 되지요. 이렇게 많은 옷들이 과연 어디로 갔을까요?

옷이 만든 쓰레기 산

아프리카 가나의 수도 아크라에는 매주 옷이 약 1,500만 개씩 들어와요. 이렇게 많은 옷이 어디에서 왔냐고요? 주로 북아메리카, 오스트레일리아(호주), 유럽 등에서 버린 패스트 패션 의류이지요.

전에는 상인이 옷을 세탁하고 염색하는 과정을 거쳐 되팔았지만 최근에는 그마저도 이루어지지 않고 있다고 해요. 꾸러미로 넘어온 옷 가운데는 애초에 재활용하기 힘들 정도로 상태가 안 좋거나 품질이 떨어지는 것이 많으니까요. 이 옷들이 쓰레기 산을 이루어 생활을 위협하는 폭탄이 되고 있어요.

기부한 옷은 어디로 갈까?

패션 업계는 쌓이는 재고*를 처리하는 방법의 하나로 자선 단체에 의류를 기부해요. 자선 단체는 이를 팔아서 필요한 일에 쓰지요. 상품

★ 재고 팔다가 남아서 창고에 쌓아 놓은 물건.

가치가 크게 떨어지는 의류는 수출업자에게 싸게 넘기기도 해요. 수출업자는 이 의류를 개발 도상국으로 보내고요. 사실 폐기물로 처분하는 것이 맞지만, 개발 도상국이 이런 옷이라도 필요로 하니까요.

가나 인구는 약 3,400만 명이에요. 그런데 수도 아크라에 매주 도착하는 옷이 1,500만 개나 된다고 했지요? 한 달이면 인구수를 훨씬 웃도는 숫자의 옷이 쌓이는 거예요. 한 나라가 감당하기에는 너무 많은 양이지요. 상황이 이러니 도시 곳곳에서 의류 쓰레기가 널린 모습을 흔히 볼 수 있어요.

버려진 옷은 결국 어디로?

미국 CBS 뉴스에 따르면, 가나에 도착한 의류 가운데 40퍼센트가 땅에 버려진다고 해요. 그마저도 합법적 매립은 거의 없지요. 비라도 내리면 옷이 쓸려 내려가 하수구를 막거나 강과 바다를 오염시키고 있어요. 어업으로 생계를 꾸려 가는 주민은 물 위를 떠다니는 의류 쓰레기를 건져 내느라 몸이 모자랄 지경이에요.

의류 쓰레기에서 나오는 오염된 물이 지하수와 섞여 더 큰 문제가 되고 있어요. 이곳 주민은 이제 식수난에 시달리기까지 하는 형편이지요.

패션으로 고통받는 동물들

패스트 패션 때문에 고통받는 건 동물도 마찬가지예요. 넘쳐 나는 옷이 자연에 그대로 버려지면서 동물이 풀 대신 옷을 뜯기도 하지요. 또 멋진 패션을 향한 사람의 욕심 때문에 수많은 동물이 희생을 당하고 있어요.

풀 대신 옷 뜯는 소

아프리카 가나의 가장 큰 중고 의류 시장인 칸타만토 시장에는 전 세계의 헌 옷이 모여들어요. 여기서도 팔리지 않은 헌 옷은 그대로 버려지고 제대로 처리되지 못한 옷이 쌓여 높다란 쓰레기 산을 이루지요. 이 지역의 소는 푸른 풀 대신 합성 섬유 옷을 뜯으며 허기진 배를 채워요.

우리는 패스트 패션의 편리함을 즐기며 옷을 쉽게 버리고는 해요. 더 이상 안 입는 옷을 수거함에 넣으면 다른 사람에게 전달돼 쓸모가 생길 것이라고 기대하지요. 하지만 현실은 기대와 조금 달라요. 옷을 많이 만들고 많이 소비한 결과, 지구 반대편에서 소가 풀 대신 옷을 뜯게 된 것처럼 말이에요.

의류 쓰레기 산

옷 한 벌 때문에

매서운 추위로부터 몸을 따뜻하게 지켜 주는 모피는 예로부터 사랑을 받아 왔어요. 원래 목적과는 다르게 오늘날 모피는 부나 멋을 뽐내기 위해서 입는 경우가 많아요. 그런데 모피 한 벌을 얻기 위해서 수많은 동물의 희생과 고통이 뒤따르는 것을 알고 있나요?

밍크 모피로 만든 코트를 예로 들어 볼까요? 코트 한 벌을 얻는 데 적어도 밍크 수십 마리가 필요하다고 해요. 사육 농장에서는 좁은 공간에 밍크를 모아 기르기 때문에 환경이 열악할 수밖에 없어요. 모피를 얻는 방식은 더욱 잔인해요. 죽으면 윤기가 사라지고 힘이 더 많이 든다는 이유로 산 채로 털가죽을 벗겨 내지요. 정말 끔찍한 일이에요.

스웨터나 코트 옷감으로 쓰이는 알파카 털을 채취하는 과정 또한 매우 잔인해요. 알파카 털은 보온성이 뛰어나고 부드러운 데다 습기에도 강해서 비싸게 거래돼요. 사람들은 단지 효율성을 위해서 거친 방식으로 털을 깎지요. 살이 파여 피가 나도 치료조차 하지 않아요. 이런 탓에 알파카는 심한 고통과 스트레스를 받아요.

사육 농장의 밍크

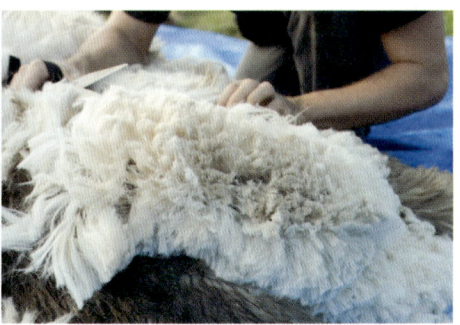
알파카 털 채취

패딩을 들여다보면

겨울철에는 두툼한 패딩 점퍼가 인기예요. 패딩 점퍼는 주로 오리나 거위 털을 채워 만들지요. 그런데 이 털을 살아 있는 오리나 거위로부터 얻는 것을 알고 있나요?

패딩 점퍼 속 거위 털

동물 권리 단체 페타(PETA)에 따르면, 오리나 거위는 죽기 전까지 많게는 15번 정도 털을 뽑힌다고 해요. 마취도 하지 않고 털을 뽑기 때문에 고통을 고스란히 느낄 수밖에 없지요. 이때의 고통은 머리카락을 통째로 뽑히는 것과 비슷할 거예요. 그 고통이 얼마나 심할지 상상이 되나요? 이처럼 패딩 점퍼를 생산하는 과정에서 동물에 대한 학대가 이어지고 있어요. 이를 막으려고 유럽 연합(EU)은 살아 있는 오리나 거위의 털을 뽑는 행위를 금지해요.

tip

RDS 쉽게 알아보기

동물을 사랑하지만 패딩 점퍼도 포기할 수 없는 여러분! 패딩 점퍼의 라벨을 잘 살펴보세요. 어떠한 동물 학대도 없이 만든 제품에는 RDS(Responsible Down Standard) 인증 마크가 붙거든요. 책임 있는 다운 제품의 기준이라는 뜻이에요. RDS 인증은 털을 얻는 방법뿐 아니라 농장 사육 환경, 가공과 봉제 등 모든 과정이 윤리적으로 이루어져야 얻을 수 있다고 해요.

한눈에 쏙!

패스트 패션의 그늘

노동자 인권 문제

- 패스트 패션 기업은 생산 비용을 낮추려고 주로 개발 도상국의 노동력을 이용함. ➡ 기업 이익이 우선인 환경에서 노동자는 과도한 노동과 낮은 임금에 시달리고 있음.
- 패스트 패션 산업에서 어린이 노동 문제도 심각함. ➡ 어린이 노동 문제를 해결하기 위해 국제노동기구(ILO)는 세계 아동 노동 반대의 날, 아동 노동 철폐의 해 등을 정해 노력하고 있음.

의류 쓰레기 문제

- 패스트 패션의 등장과 함께 옷을 쉽게 사고 쉽게 버리는 소비문화가 자리 잡았음. ➡ 의류 쓰레기 문제가 점점 심각해져 감.
- 패스트 패션 재고 및 선진국 소비자의 헌 옷은 대부분 개발 도상국으로 향함. ➡ 개발 도상국 상인은 옷을 저렴하게 수입해서 재판매함. 이 양이 처리 능력을 넘어서며 쓰레기로 쌓임. ➡ 의류 쓰레기가 환경에 심각한 영향을 끼치고 있음. 강과 바다로 쓸려 내려가 물까지 오염시킴. ➡ 지하수도 오염돼 지역 주민은 식수난을 겪고 있음.

패션과 동물 문제

- 패스트 패션 의류가 개발 도상국으로 건너가 쓰레기 산을 이루었음. 처리할 수 없을 정도로 옷이 쌓여서 이 지역의 소가 풀 대신 옷을 뜯는 일도 생겼음.
- 패션을 향한 욕심 때문에 동물이 희생당하고 있음. 밍크, 알파카 등은 열악한 환경에서 자라며 잔인한 방식으로 가죽과 털을 빼앗김.
- 패딩 점퍼는 주로 오리나 거위의 털을 채워 만듦. ➡ 마취 없이 털을 뽑아서 동물에게 고통을 안김.
- RDS 인증: 깃털 채취부터 제품 생산까지, 모든 과정에서 동물 복지 윤리를 실천한 제품에 붙여 줌.

한 걸음 더!

함께하는 공정 무역

패스트 패션 기업은 생산 비용을 줄이려고 개발 도상국의 노동자를 위험에 빠뜨리고 있어요. 이러한 현실을 개선하려는 노력의 하나로 공정 무역이 등장했지요. 공정 무역이 무엇인지 알아봐요.

공정 무역이 뭐야?

공정 무역은 개발 도상국 생산자의 경제적 자립과 지속 가능한 발전을 위해 생산자에게 보다 나은 조건으로 상품이나 서비스를 거래하는 일이에요. 즉, 노동에 맞는 정당한 대가를 주어 불평등 문제를 해결하려는 것이지요. 또 단순히 돈을 좇기보다는 사람과 환경을 먼저 생각하는 데 초점을 맞춰요. 국제공정무역기구(FI)의 인증 마크를 보아도 그러한 정신을 엿볼 수 있어요. 사람이 한쪽 팔을 번쩍 치켜들고 있는 모습이에요. 이는 생산자의 희망을 뜻하는 한편, 소비자의 지지를 표현한 것이기도 해요. 파란색은 가능성을, 연두색은 성장을 상징한다고 하지요.

우리나라에서는 2003년에 아름다운가게가 공정 무역 수공예품을 판매하면서 공정 무역의 존재를 알렸어요. 2008년에는 패션 브랜드 그루가 다양한 생활용품을, 2017년에는 청년 기업 페어제너레이션이 공정 무역 인증 의류를 선보이고 있지요.

공정 무역 원칙은?

공정 무역은 생산자가 가치 있는 제품을 만들고, 소비자가 윤리적 소비를 할 수 있게 도와요. 국제공정무역기구(FI)가 소개하는 공정 무역을 위한 원칙은 다음과 같아요.

- 생산자가 생산에 필요한 충분한 비용을 받을 수 있도록 노력해요.
- 노동자의 권리와 안전을 보장할 것을 요구해요.
- 지역 사회 경제와 환경 발전을 위해 투자해요.
- 생산자가 역량을 키우는 데 협조해요.
- 환경을 보호하고 존중하도록 요구해요.
- 친환경·유기농 생산 방법을 권장해요.
- 강제 노동과 어린이 노동을 금지해요.

4화
우리의 미래가 위험해

환경 환경을 위협하는 패션 산업

- 청바지가 환경을 오염시킨다고?
- 패션 산업의 또 다른 그늘
- 패스트 패션 때문에 몸살 앓는 지구
- 옷장 속 탄소 발자국

한눈에 쏙 환경을 위협하는 패션 산업
한 걸음 더 우리 함께 노력해!

 ## 청바지가 환경을 오염시킨다고?

누구나 옷장 속에 청바지 하나쯤은 가지고 있을 거예요. 우리가 흔히 입는 청바지를 만드는 데는 상당한 작업이 필요해요. 옷감 재료인 목화를 재배하는 것에서부터 염색, 워싱, 가공 등 수많은 과정을 거쳐야 청바지가 탄생하지요.

청바지를 얻기까지

청바지가 만들어지는 과정을 들여다보면 청바지를 마냥 좋아할 수만은 없어요. 환경 보호 단체 그린피스에 따르면 청바지 한 장을 만들 때 이산화탄소 32.5킬로그램이 나온다고 해요. 이를 회복하려면 소나무를 12그루가량 심어야 하지요.

그뿐이 아니에요. 목화 재배 과정까지 포함해 물이 약 7,000리터나 들어가요. 이것은 4인 가족이 5일 정도 사용할 수 있는 양이랍니다. 게다가 뻣뻣한 원단을 부드럽게 만들고 색을 자연스럽게 빼려면 약품을 발라 긁고 빼는 워싱을 여러 번 거쳐야 해요. 이 과정에 들어가는 물이 약 3,000리터나 되지요. 따지고 보면 청바지 한 장을 만드는 데 물이 1만 리터나 사용되는 셈이에요.

게다가 청바지를 만들 때 독한 화학 약품을 쓴다고 해요. 전에는 검

푸른 염료 인디고를 식물에서 얻었어요. 청바지가 인기를 끌자 수요를 맞추기 위해 오늘날에는 화학적으로 합성해 만들지요. 안타깝게도 노동자는 화학 물질에 노출된 채로 일할 수밖에 없어요. 화학 물질이 섞인 폐수로 발생하는 환경 오염 문제도 심각해요. 공장에서 정화 작업을 거쳐 내보내도 완전히 깨끗해지기 어려우니까요. 일부 개발 도상국에서는 정화조차 않고 내보내서 지역 주민이 피해를 입지요. 이 물이 강과 바다로 그대로 흘러들어 생태계까지 위험에 빠트리고 있어요.

이런 청바지는 어때?

최근에는 청바지 제작에 친환경 기술이 도입되고 있어요. 오존 워싱과 레이저 워싱이 대표적 기술이지요.

오존 워싱은 산소 원자로 이루어진 오존을 활용한 기술이에요. 독한 화학 약품 없이도 색감을 낼 수 있으며, 물을 적게 사용하는 것이 장점이지요. 기존 방식에 비해 물 사용량을 최대 95퍼센트나 절약할 수 있다고 해요. 전기 사용량도 40퍼센트 가까이 줄였지요. 레이저 워싱은 광선으로 색을 빼고 무늬를 만드는 기술이에요. 이런 친환경 기술을 통해서 환경 오염을 줄이고 노동자의 노동 환경도 개선할 수 있을 거예요.

패션 산업의 또 다른 그늘

자연에서 얻은 재료로 만드는 천연 섬유는 합성 섬유보다 환경에 나을 것이라고 생각돼요. 하지만 옷이 너무 많이 만들어지면서 천연 섬유 또한 환경 파괴에 엄청난 영향을 끼치고 있어요.

면 산업이 불러온 것은?

대표적 천연 섬유인 면의 가공 과정을 살펴볼까요? 목화를 재배해서 티셔츠 같은 의류로 탄생시키기까지, 수많은 과정을 거치는데 이때도 독한 화학 약품이 사용돼요.

미국의 한 보고서에 따르면, 면 티셔츠 한 장에 필요한 목화를 재배할 때 합성 화학 비료가 찻숟가락으로 약 17스푼 들어간다고 해요. 또 전 세계 농약의 10퍼센트, 살충제의 25퍼센트가 목화 재배에 쓰여요.

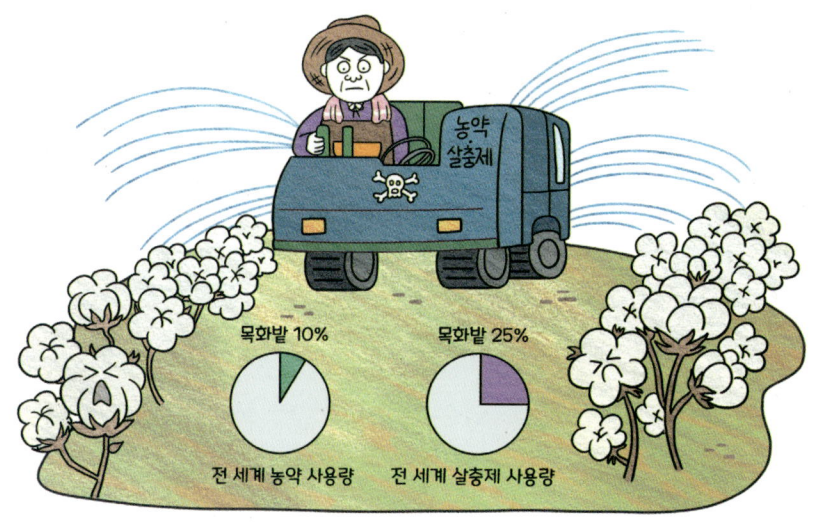

목화밭에 농약과 살충제를 뿌리는 과정에서 농부는 화학 물질에 그대로 노출될 수밖에 없어요.

세계보건기구(WHO)와 국제노동기구(ILO)에 따르면, 농약 중독으로 매년 2만 명에서 4만 명이 사망하는데, 이들 대부분은 목화 재배 지역에서 나온다고 해요.

가죽 산업이 미치는 영향

이번에는 가죽 가공 과정을 살펴봐요. 가죽은 크게 동물에게서 얻는 천연 가죽과 인공적으로 만든 인조 가죽으로 나뉘어요.

천연 가죽을 만들 때는 무두질을 해요. 동물의 생가죽은 부패하기가 쉬워서 털과 기름 따위를 제거하고 부드럽게 만드는 것이지요. 무두질에는 크롬, 포름알데히드 같은 화학 물질이 쓰여요. 무두질에서 나오는 폐기물로 토양과 수질이 오염되기도 해요.

인조 가죽 역시 환경 오염을 일으키는 것은 마찬가지예요. 인조 가죽은 보통 부직포에 폴리우레탄을 입혀 만드는데, 이 과정에서 독성 물질이 발생해요.

한편 환경부가 2022년 공개한 내용에 따르면, 국내 인조 가죽 업체 1,223개 중 15퍼센트 이상이 프탈레이트를 사용하는 것으로 조사됐어요. 화학 물질인 프탈레이트는 세계보건기구(WHO)가 정한 발암 물질이자 환경 호르몬이에요. 인조 가죽은 의류 말고도 다양한 생활용품에 쓰여서, 그만큼 독성에 노출될 위험이 높아 걱정이지요.

패스트 패션 때문에 몸살 앓는 지구

결국은 부메랑이 되어 돌아온 패스트 패션! 지금 지구는 패스트 패션이 만들어 낸 심각한 환경 오염으로 아파하고 있어요.

점점 뜨거워지는 지구

늘어나는 온실가스로 지구가 점점 뜨거워지고 있어요. 온실가스가 늘어나는 가장 큰 원인은 석탄이나 석유 같은 화석 연료를 너무 많이 사용하기 때문이에요. 화석 연료는 수백만 년 전 살던 생물의 몸체가 땅속에 묻혀 화석처럼 굳은 것이랍니다. 오늘날 화석 연료를 너무 많이 쓰면서 그 속에 있던 탄소가 나와 공기 중에 늘어나게 되었지요. 이 때문에 열이 밖으로 빠져나가지 못해서 지구 기온이 높아지는 거예요.

전 세계 온실가스 배출량의 약 10퍼센트가 패션 산업에서 발생해요. 지금도 빠른 유행에 맞춰 옷을 생산해 내기 위해 공장이 바쁘게 돌아가고 있어요. 공장은 화석 연료를 태워서 전기를 얻거든요.

옷이 폐기될 때도 문제예요. 옷을 태우면 메테인, 이산화탄소 등이 나와 지구 온난화에 불을 지펴요. 땅속에 묻으면 되지 않냐고요? 앞에서도 살펴보았지만, 땅속에 묻은 합성 섬유는 분해될 때 오염 물질을 내보내요. 완전히 분해되는 데도 수십에서 수백 년이 걸리니까 문제가 될 수밖에 없어요.

패스트 패션 제작 기간 7일, 옷을 사는 데 걸리는 시간 5분, 썩는 데 걸리는 시간 무려 200년! 옷을 만들고 소비하는 데는 얼마 걸리지 않지만, 자연이 이를 감당하려면 엄청난 시간이 필요해요.

패스트 패션 제작 기간 / 옷을 사는 데 걸리는 시간 / 썩는 데 걸리는 시간

몸살 앓는 자연

패스트 패션 기업은 생산 비용을 낮추려고 공장을 아시아, 아프리카, 남아메리카 등으로 옮겼어요. 이런 개발 도상국은 환경 규제가 약하다 보니 공장에서 나온 폐수가 자연에 그대로 버려지는 경우가 잦지요. 폐수를 직접 접촉하면 피부병이 생길 수 있고, 폐수가 강이나 바다로 흘러 들어가면 생태계도 위험에 빠지고 말아요.

패스트 패션으로 생겨난 폐기물이 강이나 바다만 오염시키는 것은 아니에요. 칠레의 사막에도 언제 버려졌는지 모를 의류가 쌓여 쓰레기 산을 이루고 있어요. 칠레 북부의 한 항구에는 해마다 의류 6만 톤 정도가 들어와요. 쓸 만한 것은 팔려 나가지만, 나머지는 사막에 버려지지요.

너무 많이 생산되는 옷 때문에 지구 곳곳이 쓰레기장으로 변해 가고 있어요. 이렇게 오염된 환경은 우리에게 악영향을 끼칠 게 불 보듯 뻔해요.

옷장 속 탄소 발자국

여러분은 탄소 발자국을 알고 있나요? 탄소 발자국은 2006년 영국에서 처음으로 제안한 개념이에요. 그렇다면 탄소 발자국은 뚱뚱한 게 좋을까요, 날씬한 게 좋을까요?

뚱뚱한 탄소 발자국을 날씬하게!

우리가 걸을 때마다 발자국이 남잖아요? 이처럼 탄소 발자국은 제품이 생산되고 소비되는 전 과정에서 나오는 이산화탄소의 총량을 나타내는 개념이에요. 발생하는 이산화탄소의 양을 따져서 환경에 얼마나 영향을 끼치는지 평가하는 지표로 활용되고 있지요.

공장에서 물건을 생산할 때 이산화탄소가 뿜어져 나와요. 생산뿐 아니라 물건을 옮기고 소비하고 폐기하는 과정에서도 끊임없이 이산화탄소가 발생하지요. 이 양을 줄여 보자는 노력으로 탄소 발자국을 표시하는 것이랍니다.

탄소 발자국은 일반적으로 무게 단위인 킬로그램(kg)으로 나타내요. 무게가 적게 나갈수록 이산화탄소가 덜 발생한 것이니 환경에 더 낫겠지요?

뚱뚱한 탄소 발자국을 날씬하게 만드는 방법은 무엇이 있을까요? 전기를 아껴 쓰고, 가까운 거리는 자동차보다는 걷거나 자전거를 이용해요. 유행에 따라 패스트 패션 옷을 사지 않는 것도 탄소 발자국을 줄이는 하나의 방법이 돼요.

내 옷장 속 탄소 발자국은?

앞서 오늘날 패션 산업은 전 세계 온실가스 배출량의 약 10퍼센트를 차지한다고 했지요? 이는 항공과 선박 운송을 합친 것보다 많은 양이에요. 그래서 최근에는 패션 탄소 발자국이라는 말까지 생겼어요.

미국 중고 의류 판매 플랫폼인 스레드업은 홈페이지에 패션 탄소 발자국 계산기*를 공개했어요. 얼마나 옷을 자주 사는지, 옷을 매장에서 사는지 아니면 온라인에서 사는지, 중고 의류를 얼만큼 이용하는지 등 물음에 답하면 나의 패션 탄소 발자국을 계산해 주지요.

문제를 알아야 답이 보이는 법이에요. 나의 패션 탄소 발자국을 계산하고 나면 한눈에 문제점이 들어와 해결하고 싶은 마음이 생길 거예요. 나의 의생활 습관을 고쳐 탄소 발자국을 줄여 보아요.

★ 검색을 통해 패션 탄소 발자국을 계산해 봐요.
`fashionfootprint` 🔍

청바지 환경 오염

- 청바지 한 장을 만들 때 이산화탄소 32.5킬로그램이 나오고, 물이 1만 리터나 사용됨.
- 원료인 목화가 청바지로 탄생하기까지 수많은 과정을 거치는데, 이때 독한 화학 약품이 쓰임. ➡ 노동자가 화학 물질에 노출된 채로 일할 수밖에 없음. 또한 화학 물질이 섞인 폐수로 환경 오염 문제가 심각함.
- 최근에는 청바지 제작에 오존 워싱, 레이저 워싱 등 친환경 기술이 도입됨. ➡ 환경 오염을 줄이고 근로 환경을 개선할 것으로 기대됨.

면 산업과 가죽 산업의 문제

- 목화를 재배하는 데 물, 합성 화학 비료, 농약, 살충제 등이 많이 들어가 환경에 악영향을 끼침.
- 천연 가죽 제작 과정에서 나오는 폐기물로 토양과 수질이 오염됨.
- 인조 가죽 역시 환경 오염을 일으키는 것은 마찬가지임. 인조 가죽은 보통 부직포에 폴리우레탄을 입혀 만드는데, 이 과정에서 독성 물질이 발생함. 인조 가죽은 우리 생활 곳곳에 쓰여서 그만큼 독성에 노출될 위험이 높음.

패션 산업이 환경에 미치는 영향

- 오늘날 패션 산업은 전 세계 온실가스 배출량의 약 10퍼센트를 차지함.
- 제작 과정에서 나오는 온실가스는 물론 옷이 폐기될 때 나오는 온실가스도 문제임. ➡ 옷을 태우면 메테인, 이산화탄소 등이 나와 지구 온난화에 영향을 줌.
- 합성 섬유는 분해될 때 오염 물질을 내보냄. 완전히 분해되는 데도 수십에서 수백 년이 걸려 문제가 심각함.
- 의류 공장에서 나온 폐수가 강이나 바다로 그대로 흘러 들어가 생태계를 위험에 빠트리고 있음.

패션 산업과 탄소 발자국

- 탄소 발자국은 제품이 생산되고 소비되는 과정에서 나오는 이산화탄소의 총량을 나타내는 개념임.
- 탄소 발자국을 줄이기 위해 노력해야 함. 패스트 패션에서 벗어나는 것도 하나의 방법이 됨.

한 걸음 더!

우리 함께 노력해!

넘치는 옷 쓰레기를 줄이려면 어떻게 해야 할까요? 수시로 바뀌는 유행에 따라 옷을 사지 않는 게 무엇보다 중요하겠지요? 옷을 친구와 바꿔 입거나 고쳐 입는 것도 하나의 방법이 될 수 있어요. 의생활 습관을 변화시켜 탄소 발자국을 줄이는 것도 좋아요. 그 방법을 자세히 알아봐요.

의류 쓰레기를 줄이려면?

하나, 옷은 최대한 오래 입어요.
둘, 싫증 난 옷은 친구와 바꿔 입어요.
셋, 중고 시장을 이용하거나 옷을 빌려서 입어요.
넷, 낡거나 유행이 지난 옷은 고쳐 새롭게 만들어 입어요.

패션 탄소 발자국을 줄이려면?

하나, 가능하면 찬물로 빨래해요. 물을 데우면 이산화탄소가 더 많이 발생하니까요.
둘, 빨래를 모아서 세탁기를 돌려요. 만약 옷에 작은 얼룩이 묻으면 그 부분만 손으로 비벼 빠는 것도 좋아요.
셋, 빨래는 건조기 대신 햇볕과 바람으로 말려요. 이러면 탄소 발자국을 75퍼센트 가까이 줄일 수 있어요.

넷, 낡은 옷은 고쳐서 입어요. 옷을 1년 더 입으면 탄소 발자국을 25퍼센트 정도 줄일 수 있다고 해요.

다섯, 중고 의류나 대여 업체를 이용해요. 중고 의류를 선택하면 탄소 발자국을 60~70퍼센트, 옷을 빌려 입으면 탄소 발자국을 30퍼센트 가까이 줄일 수 있지요.

여섯, 옷을 살 때는 이왕이면 친환경 옷감이나 재활용 소재를 사용한 브랜드를 선택해요.

5화
지구를 지키는 패셔니스타

사회 지속 가능한 패션을 위한 노력

- 패스트 패션에서 슬로 패션으로
- 이제는 패션도 비건 시대
- 쓰레기, 패션으로 재탄생하다!

한눈에 쏙 지속 가능한 패션을 위한 노력
한 걸음 더 물건을 사기 전에, 프리사이클링

패스트 패션에서 슬로 패션으로

패스트 패션은 사회적으로 환경적으로 많은 문제를 낳았어요. 이 문제에 맞서 새롭게 슬로 패션이 떠오르고 있지요. 슬로 패션에 대해 알아봐요.

환경을 지키는 슬로 패션

슬로 패션(slow fashion)은 이름부터 패스트 패션과 정반대예요. 유행을 따르기보다는 오래 즐기며 입을 수 있는 의류를 만드는 데 집중하지요. 또한 유기농이나 재활용 재료를 이용해 환경과 우리 몸에 미치는 악영향을 줄이려고 노력해요. 이러한 노력이 지속 가능한 발전의 바탕이 되리라고 기대하기 때문에 착한 패션, 친환경 패션, 에코 패션 등으로도 불러요.

슬로 패션을 실천하는 브랜드

슬로 패션을 실천하는 대표적 브랜드로 프라이탁(FREITAG)이 있어요. 프라이탁 형제가 1993년 스위스에 세운 가방 제조 업체예요. 형제는 비가 올 때마다 가방 속 스케치북이 젖어 불편을 느꼈다고 해요. 그래서 비에도 젖지 않는 가방을 만들어야겠다고 생각했지요. 그러던 어느 날 트럭 방수 덮개가 눈에 들어왔어요. 여기서 아이디어를 얻은 형제는 트럭 방수 덮개, 자동차 안전벨트, 자전거 타이어 튜브 등을 이용해 가방을 만들었지요.

프라이탁은 가방 재료로 새것을 절대로 쓰지 않는다고 해요. 주재료가 되는 트럭 방수 덮개만 해도 5년 이상 사용된 것이지요. 또 모든 작업이 사람의 손으로 이루어지며, 쓰이는 물의 30퍼센트 정도는 빗물을 활용해요. 환경을 생각하는 이런 노력 때문일까요? 프라이탁은 많은 소비자들의 지지를 받았어요.

우리나라에도 비슷한 브랜드가 있는데, 폐방화복을 가방 같은 패션 용품으로 재탄생시키는 119레오(REO)예요. 알다시피 방화복은 불에 타지 않으며 방수 기능이 뛰어나요. 버려지는 방화복에 새로운 가치를 더하는 한편, 소방관의 노고를 알리며 주목을 받고 있어요.

과연 친환경일까?

지속 가능한 친환경 패션이 주목을 받으며 패션 업계에 변화가 일고 있어요. 실제로 여러 패션 기업이 동물과 공존하는 방법이라며 모피를 더 이상 쓰지 않겠다는 퍼프리(fur-free)를 선언했지요. 그런데 따지고 보면 인조 모피도 좋은 대안이 되지는 못해요. 합성 섬유를 이용하다 보니 미세 플라스틱 같은 또 다른 환경 오염 문제를 낳고 있지요.

이제는 패션도 비건 시대

최근에는 식물로 가죽을 만들어 패션에 활용하는 노력이 시도되고 있어요. 이른바 비건 가죽이라고 불리는데, 이 말은 동물로부터 얻은 모든 재료를 피하는 생활 방식 비거니즘(veganism)에서 따왔지요.

선인장으로 가죽을 만든다고?

선인장 가죽은 천연 가죽과 인조 가죽이 환경을 얼마나 파괴하는지 깨닫게 된 멕시코의 사업가들에게서 시작됐어요.

멕시코를 대표하는 식물 선인장은 강인한 생명력으로 척박한 땅과 건조한 기후를 견디며 무럭무럭 자라요. 섬유질이 풍부하면서도 질기고, 탄력이 뛰어난 데다 공기도 잘 통해 가방이나 신발 같은 제품을 만들기에 좋지요.

선인장은 자랄 때 물이 많이 필요하지 않아요. 잎을 햇볕에 말려서 쓰니까 가공 과정에서 유해 물질이 나오지도 않지요. 이런 면에서 선인장 가죽은 친환경 소재로 주목을 받고 있어요.

버려지는 파인애플 잎과 줄기로

파인애플 가죽은 열매를 따고 남은 잎과 줄기에서 섬유질을 추출해서 만들어요. 스페인(에스파냐) 출신 디자이너 카르멘 이요사는 동물 가죽 제작 과정을 목격하고 충격을 받았다고 해요. 열악한 환경에서 동물이 길러지고 잔인하게 죽임을 당하니까요. 인조 가죽도 환경에 악영향을 미치기는 마찬가지여서 새로운 방법을 찾았는데, 그때 눈에 띈 것이 파인애플이었어요. 농장에서 버려지는 잎과 줄기 양은 어마어마해요. 이를 활용해 가죽을 만드니 당연히 동물 희생이 따르지 않지요. 파인애플 가죽 피나텍스는 동물 권리 단체 페타(PETA)로부터 비건 제품 인증을 받았어요.

브랜드가 선택한 버섯 가죽

버섯 균사체로 만드는 가죽 역시 미래를 생각하는 친환경 소재로 주목받고 있어요. 버섯 균사체는 실처럼 가는 세포, 균사가 서로 모여 얽혀 있는 구조를 띠어요. 이러한 특징 덕분에 질기고 오래가지요. 질감도 동물 가죽과 매우 비슷해요. 2021년에는 유명 브랜드 에르메스가 버섯 가죽으로 만든 가방을 내놓아 화제를 모으기도 했어요.

이제는 패션도 비건 시대

쓰레기, 패션으로 재탄생하다!

지구 환경을 걱정하는 사람이 점점 늘어나고 있어요. 패션 업계도 마찬가지예요. 앞에서 살펴본 것처럼 친환경 소재를 찾아 패션에 활용하려는 시도가 이어지지요. 또 쓰레기를 재활용해 패션 산업이 환경에 미치는 영향을 줄이려는 노력도 하고 있답니다.

리사이클링 넘어 업사이클링

해마다 약 250억 켤레의 신발이 생산되고 버려져요. 한 조사 자료에 따르면, 신발 한 켤레를 만들 때 약 13.6킬로그램의 이산화탄소가 생겨난다고 해요. 이를 250억 켤레로 따지면 무려 3억 4,000톤에 이르지요.

이렇게 신발 만들 때 나오는 이산화탄소 양을 줄이기 위해 자투리 가죽과 페트병으로 신발을 만드는 업체가 있어요. 신발 몸통은 가죽 회사나 가방 제조 업체에서 쓰고 남은 자투리로, 안감과 신발 끈은 버려지는 페트병으로 완성하지요. 리사이클링(recycling, 재활용)을 넘어 업사이클링(upcycling, 새 활용) 된 사례가 아닐까요?

페트병으로 신발뿐 아니라 옷과 가방도 만들어요. 분리수거를 할 때 라벨을 떼서 깨끗이 헹궈 버리면 페트병이 새롭게 활용되는 데 도움을 줄 수 있지요.

내 몸과 지구에 모두 이로운 옷

커피를 내리고 나면 찌꺼기가 남아요. 커피 소비가 날로 늘면서 찌꺼기도 엄청나게 나오고 있어요. 보통 쓰레기로 버리는데, 카페인 성분이 토양을 오염시킬 위험이 따르지요. 게다가 찌꺼기를 묻거나 태우면 1톤당 이산화탄소가 338킬로그램이나 나온다고 해요. 이는 자동차 1만여 대가 뿜어내는 매연 양과 맞먹는 수준이에요.

커피 찌꺼기는 냄새를 흡수하는 성질이 있어서 일상생활에서 탈취제로 재활용돼 왔어요. 최근 패션 업계는 커피 찌꺼기를 새롭게 활용한 옷을 선보였어요. 이 옷은 커피 성분 덕분에 불쾌한 냄새를 흡수해 쾌적한 상태를 유지해 준다고 해요.

헌 옷을 재활용하는 방법!

헌 옷을 수거함에 넣으면 필요한 사람에게 전해져 재활용될 수 있어요. 그런데 수거가 어려운 물건도 있어서 아무것이나 넣으면 안 돼요. 따라서 수거 가능 품목과 수거 불가 품목을 미리 확인해야겠지요? 보통 옷, 가방, 신발 등은 수거가 가능해요. 단, 신발은 짝을 맞추어 내놓아야 하지요. 바퀴 달린 가방과 바퀴 달린 신발은 처리가 어려워요. 솜이불, 방석, 베개, 인형 등도 수거함에 넣어서는 안 돼요.

한눈에 쏙!

지속 가능한 패션을 위한 노력

슬로 패션
- 패스트 패션에 반대되는 개념임. 유행을 따르기보다는 오래 즐기며 입을 수 있는 의류를 만드는 데 집중함.
- 유기농이나 재활용 재료를 이용해 환경과 우리 몸에 미치는 악영향을 줄이려고 노력함.
- 슬로 패션을 실천하는 브랜드로 프라이탁(FREITAG), 119레오(REO) 등이 있음. 프라이탁은 더 이상 사용하지 않는 트럭 방수 덮개·자동차 안전벨트·자전거 타이어 튜브 따위로 가방을, 119레오는 버려지는 방화복을 활용해 다양한 패션용품을 만듦.

친환경 비건 가죽
- 최근 식물로 가죽을 만들어 패션에 활용하는 노력이 시도되고 있음.
- 선인장은 자랄 때 물이 많이 필요하지 않으며, 잎을 햇볕에 말려서 가죽을 만들기 때문에 가공 과정에서 유해 물질이 나오지 않음. 이런 면에서 친환경 패션으로 주목을 받음.
- 파인애플 가죽은 열매를 따고 남은 잎과 줄기에서 섬유질을 추출해 만듦. 동물 희생이 따르지 않아, 동물 권리 단체 페타(PETA)로부터 비건 제품 인증을 받았음.

- 버섯 균사체로 만드는 가죽 역시 친환경 소재로 주목을 받음. 질기고 오래가는 특징이 있음.

재활용을 넘어 새 활용

- 쓰레기를 재활용해 패션 산업이 환경에 미치는 영향을 줄이려는 노력이 계속되고 있음.
- 버려진 페트병을 재활용해 신발, 옷, 가방 등을 만들고 있음. ➡ 재활용을 넘은 새 활용, 이른바 업사이클링 패션이 주목을 받음.
- 최근 패션 업계는 커피 찌꺼기를 새롭게 활용한 옷을 선보였음. 커피 성분이 불쾌한 냄새를 흡수해 쾌적한 상태를 유지해 줌.

한 걸음 더!

물건을 사기 전에, 프리사이클링

버려진 물건을 재활용하는 리사이클링, 쓰임이 다한 물건에 새로운 가치를 불어넣는 업사이클링, 여기에서 더 나아가 최근에는 프리사이클링이 등장했어요.

프리사이클링이 뭐야?

프리사이클링(pre-cycling)은 이전을 뜻하는 'pre'와 재활용을 뜻하는 'recycling'이 합쳐진 말이에요. 물건을 사기 전에 쓰레기를 줄일 방법을 고민하는 것이지요. 재활용과 새 활용이 좋은 방법이기는 하지만, 그에 앞서 쓰레기 자체를 만들지 않는 것도 중요하니까요. 이런 뜻에서 프리사이클링이 많은 주목을 받고 있어요.

프리사이클링, 실천 방법은?

프리사이클링을 실천하고 싶다고요? 물건을 사기 전에 한 번 더 생각하는 습관을 기르는 게 중요해요. 물건을 사기 전에는 내게 꼭 필요한 것인지, 혹시 비슷한 물건을 가지고 있지 않은지 확인해 보세요.
프리사이클링을 실천하는 몇 가지 방법을 더 소개할게요.

하나, 장을 볼 때는 장바구니를 써요. 비닐 봉투 같은 일회용품을 쓰지 않으면 쓰레기를 줄일 수 있어요.

둘, 일회용 컵 대신 텀블러를 써요. 컵 홀더나 빨대를 받지 않는 것도 프리사이클링을 실천하는 좋은 방법이에요.

셋, 포장 쓰레기 문제가 심각해요. 포장을 최소화해서 쓰레기가 생기지 않도록 노력해요.

넷, 되도록 종이 영수증 대신 전자 영수증을 받아요. 재활용이 어려운 종이 영수증은 자원을 낭비할뿐더러 환경을 오염시키니까요.

다섯, 자주 쓰지 않는 물건이라면 빌리는 것도 하나의 방법이에요. 물건을 새로 사기보다는 나눠 쓰면 지구 환경을 지킬 수 있어요.

워크북

1화 역사 – 옷과 패션의 탄생

1 다음 문장을 읽고 맞으면 ○, 틀리면 ×표시를 해 봐요.

- 구석기 시대 사람들은 가락바퀴와 뼈바늘을 이용해 옷을 지었어요. (   )
- 고대 이집트 사람들은 아마포 옷과 가발로 더위를 막고, 극지방에 사는 이누이트 부족은 동물의 털가죽으로 추위를 견뎠어요. (   )
- 옷은 사회적 지위와 부를 과시하기 위한 수단이 되기도 했어요. (   )

2 제1차 세계 대전은 사회 모습을 크게 바꾸어 놓았어요. 여성의 역할과 옷차림에 어떤 변화가 있었는지 적어 봐요. 〔서술형 문항 대비 ✓〕

....
....
....
....
....

3 다음 한복에 대한 설명 중에서 <u>틀린</u> 것을 골라 봐요.

① 고조선 시대부터 이어져 내려온 우리나라의 고유한 의상이에요.
② 과거에는 저고리가 엉덩이를 덮을 정도로 길었던 적도 있어요.
③ 지금 우리에게 익숙한 한복의 형태는 고조선 후기에 완성된 것이에요.
④ 서양식 옷차림이 퍼지면서 특별한 날에 입는 옷이 됐어요.

4 다음 글을 읽고 괄호 안에 공통으로 들어갈 단어를 적어 봐요.

> 영국의 제임스 와트는 물을 끓여서 생긴 증기의 힘으로 기계를 작동하는 (   )을 선보였어요. (   )이 등장하면서 영국은 면직물을 대량으로 생산해 내게 됐지요. 이를 시작으로 산업 혁명이 이루어졌어요.

_____

2화 개념 – 더 싸게 더 빠르게, 패스트 패션

1 다음 글을 읽고 무엇과 관련 있는지 〈보기〉에서 찾아 적어 봐요.

- 옷은 자신을 나타내는 수단이 돼요.
- 옷차림을 통해 사회적 지위나 역할, 직업을 알 수 있어요.
- 때와 장소에 맞는 옷차림을 통해 예의를 갖춰요.

보기

보호 기능   표현 기능

_____

2 다음 표의 빈칸에 들어갈 단어를 각각 적어 봐요.

천연 섬유	㉠
자연에서 얻은 재료로 만듦	석유, 석탄, 천연가스 따위를 화학적으로 합성해 만듦
㉡	폴리에스테르, 나일론, 아크릴 등

㉠ : _____   ㉡ : _____

3 다음 글을 읽고 괄호 안에 공통으로 들어갈 단어를 골라 봐요.

> 합성 섬유 옷은 세탁할 때마다 섬유가 조각나며 (   )을/를 내놓아요. (   )은/는 길이나 지름이 5밀리미터 이하로 매우 작아서, 하수 처리장에서 걸러지지 못하고 강과 바다로 그대로 흘러 들어가지요.

① 미세 먼지   ② 미세 플라스틱
③ 메테인   ④ 이산화탄소

4 패스트 패션의 부작용에 대해 누가 <u>틀리게</u> 말하고 있는지 골라 봐요.

① 패스트 패션은 합리적 소비를 부추기고 있어.
② 패스트 패션은 지구 온난화에도 심각한 영향을 미쳐.
③ 패스트 패션 때문에 쓰레기가 늘어나고 있어.
④ 패스트 패션은 노동자의 인권과 안전까지 위협해.

3화 생활 - 패스트 패션의 그늘

1 패스트 패션 기업이 상품 생산을 개발 도상국에 맡기는 이유가 무엇인지 적어 봐요. 서술형 문항 대비 ✓

---

2 다음 글을 읽고 괄호 안에 들어갈 단어를 적어 봐요.

> 전 세계 어린이 중 약 1억 6,000만 명이 노동에 시달리고 있어요. 2002년, 국제노동기구(ILO)는 아동 노동을 금지하고 어린이를 보호하기 위해 매년 6월 12일을 (   )로 정했어요.

---

3 다음 글에서 틀린 부분에 밑줄을 긋고 바르게 고쳐 봐요. 서술형 문항 대비 ✓

> 패스트 패션이 인기를 끌면서 옷을 쉽게 사고 쉽게 버리는 소비문화가 자리 잡았어요. 버려진 헌 옷은 주로 북아메리카, 오스트레일리아(호주), 유럽 등으로 수출돼요.

4 다음 문장을 읽고 맞으면 ○, 틀리면 ×표시를 해 봐요.

- 아프리카 가나에서는 넘쳐 나는 의류 쓰레기 때문에 소가 풀 대신 옷을 뜯는 일이 생겼어요. (   )
- 모피나 털 의류를 생산하는 과정에서 수많은 동물이 심한 고통과 스트레스를 받고 있어요. (   )
- RDS 인증 마크는 살아 있는 새의 털을 윤리적 방법으로 채취하기만 하면 얻을 수 있어요. (   )

 4화 환경 – 환경을 위협하는 패션 산업

1 청바지 패션 산업에 대한 설명으로 <u>틀린</u> 것을 골라 봐요.

① 청바지 한 장을 만들 때 이산화탄소 32.5킬로그램이 발생해요.
② 청바지 제작에 사용되는 물이 환경 오염을 일으키고 있어요.
③ 청바지를 염색하는 인디고 염료는 자연에서만 얻을 수 있어요.
④ 최근에는 오존 워싱, 레이저 워싱 같은 친환경 기술이 도입되고 있어요.

2 다음 문장을 읽고 맞으면 ○, 틀리면 ×표시를 해 봐요.

• 천연 섬유 산업은 환경에 부정적 영향을 끼칠 걱정이 없어요. (　　)
• 가죽 무두질에는 독한 화학 물질이 쓰여요. (　　)
• 화학 물질 가운데는 암을 일으키는 것도 있어요. (　　)

3 다음 글을 읽고 무엇에 대한 설명인지 적어 봐요.

- 수백만 년 전 살던 생물의 몸체가 땅속에 묻혀 굳은 것이에요.
- 대표적으로 석탄, 석유 등이 있어요.
- 이것을 많이 사용하면서 지구가 점점 뜨거워지고 있어요.

_____

4 괄호 안에 들어갈 단어를 〈보기〉에서 찾아 적어 봐요.

탄소 발자국은 제품이 생산되고 소비되는 전 과정에서 나오는 온실가스의 총량을 나타내는 개념이에요. 단위는 (　　　　)이지요.

보기　　밀리미터(mm)　　킬로그램(kg)　　섭씨온도(℃)

_____

 **5화 사회 – 지속 가능한 패션을 위한 노력**

1 다음 글을 읽고 무엇에 대한 설명인지 적어 봐요.

- 패스트 패션에 반대되는 개념이에요.
- 유행을 따르지 않고 오래 입을 수 있는 옷을 만드는 데 집중해요.
- 유기농 및 재활용 재료를 이용해 환경과 우리 몸에 미치는 악영향을 줄이려고 해요.

_____

2 이른바 비건 패션이 주목을 받고 있어요. 다음에서 비건 패션에 해당하지 않는 것을 골라 봐요.

- 선인장 가죽으로 만든 신발
- 양털로 짠 스웨터
- 파인애플 가죽으로 만든 옷
- 버섯 균사체로 만든 가방

_____

3 프라이탁, 119레오 등 업사이클링 브랜드가 많은 지지를 받고 있어요. 이 같은 사례를 더 찾아서 적어 봐요. 서술형 문항 대비 ✓

_____
_____
_____
_____
_____

4 프리사이클링에 대한 설명으로 바른 것을 골라 봐요.

① 자유로운을 뜻하는 'free'와 재활용을 뜻하는 'recycling'이 합쳐진 말이에요.
② 물건을 사고 나서 쓰레기를 줄일 방법을 고민하는 것이에요.
③ 물건을 살 때는 내게 꼭 필요한지 한 번 더 생각하면 좋아요.
④ 전자 영수증보다는 되도록 종이 영수증을 받도록 해요.

정답 및 해설

1화

1. X, O, O
→ 가락바퀴와 뼈바늘은 신석기 시대에 옷을 만들 때 사용한 도구예요. 구석기 시대 유적에서는 의복과 관련된 유물이 아직 발견되지 않았어요. (☞ 16~19쪽)

2. 본문을 참고해 적어 봐요.
→ 전쟁에 참여한 남성을 대신해 여성이 가족의 생계를 책임지게 됐어요. 이런 흐름에 따라 여성의 옷차림이 달라져, 노동에 방해가 되는 화려하고 거추장스러운 패션보다는 실용적이면서 활동적인 디자인을 선호하게 됐지요. (☞ 20쪽)

3. ③
→ 지금 우리에게 익숙한 한복의 형태는 조선 후기에 완성된 것이에요. (☞ 22~23쪽)

4. 증기 기관
→ 산업 혁명을 이끈 증기 기관에 대한 설명이에요. (☞ 27쪽)

2화

1. 표현 기능
→ 옷의 표현 기능에 대한 설명이에요. (☞ 39쪽)

2. ㉠ 합성 섬유, ㉡ 목화솜, 삼 껍질, 명주실, 동물의 털, 석면 등
→ 천연 섬유는 자연에서 얻은 재료로 만들어요. 천연 섬유에는 목화솜, 삼 껍질, 명주실, 동물의 털, 석면 등이 있어요. 합성 섬유는 석유, 석탄, 천연가스 따위를 화학적으로 합성해 만들어요. 폴리에스테르, 나일론, 아크릴은 대표적 합성 섬유예요. (☞ 43~45쪽)

3. ②
→ 합성 섬유 옷은 세탁할 때마다 섬유가 조각나며 미세 플라스틱을 내놓아요. 미세 플라스틱은 길이나 지름이 5밀리미터 이하로 매우 작아서, 하수 처리장에서 걸러지지 못하고 강과 바다로 그대로 흘러 들어가지요. (☞ 46쪽)

4. ①
→ 패스트 패션은 과소비를 부추긴다는 사회 문제로 떠올랐어요. (☞ 42~47쪽)

3화

1. 본문을 참고해 적어 봐요.
→ 패스트 패션 기업은 생산 비용을 낮추기 위해 개발 도상국의 노동력을 이용하고 있어요. (☞ 59쪽)

2. 세계 아동 노동 반대의 날
→ 국제노동기구(ILO)가 정한 세계 아동 노동 반대의 날에 대한 설명이에요. (☞ 60쪽)

3. 본문을 참고해 적어 봐요.
⋯ 패스트 패션은 북아메리카, 오스트레일리아(호주), 유럽 등 선진국에서 주로 소비해요. 이들이 버린 헌 옷은 개발 도상국으로 수출돼 심각한 환경 문제를 낳고 있어요. (☞ 61~62쪽)

4. O, O, X
⋯ RDS 인증은 털을 얻는 방법뿐 아니라 농장 사육 환경, 가공과 봉제 등 모든 과정이 윤리적으로 이루어져야 얻을 수 있어요. (☞ 63~65쪽)

4화

1. ③
⋯ 청바지가 인기를 끌자 수요를 맞추기 위해 오늘날에는 인디고 염료를 화학적으로 합성해 만들어요. (☞ 76~77쪽)

2. X, O, O
⋯ 옷이 대량으로 생산되면서 천연 섬유 산업도 환경에 부정적 영향을 미치고 있어요. (☞ 78~79쪽)

3. 화석 연료
⋯ 화석 연료에 대한 설명이에요. (☞ 80쪽)

4. 킬로그램(kg)
⋯ 탄소 발자국은 일반적으로 무게 단위인 킬로그램(kg)으로 나타내요. (☞ 82쪽)

5화

1. 슬로 패션
⋯ 슬로 패션에 대한 설명이에요. (☞ 94쪽)

2. 양털로 짠 스웨터
⋯ 비건은 동물로부터 얻은 모든 재료를 꺼리는 비거니즘에서 따온 말이에요. 따라서 양털로 짠 스웨터는 비건 패션에 해당하지 않아요. (☞ 96~97쪽)

3. 자유롭게 조사해 적어 봐요.
⋯ 프라이탁은 트럭 방수 덮개, 자동차 안전벨트, 자전거 타이어 튜브 등을 이용해 가방을 만들어요. 119레오는 폐방화복을 패션용품으로 재탄생시키지요. 이처럼 버려지는 물건에 새로운 가치를 더하는 업사이클링 제품을 찾아봐요. (☞ 94~99쪽)

4. ③
⋯ ① 프리사이클링(pre-cycling)은 이전을 뜻하는 'pre'와 재활용을 뜻하는 'recycling'이 합쳐진 말이에요. ② 물건을 사기 이전에 쓰레기를 줄일 방법을 고민하는 것이에요. ④ 되도록 종이 영수증 대신 전자 영수증을 받아요. 종이 영수증은 재활용이 어려워 쓰레기가 돼요. (☞ 102~103쪽)

찾아보기

ㄱ
가락바퀴 ·· 16
공정 무역 ································· 68~69

ㄴ
나일론 ·· 43~45

ㄹ
리사이클링 ······························· 98, 102

ㅁ
목화 ··············· 23~27, 30~31, 76, 78~79
무두질 ·· 79
무명 ··· 23~25
미세 플라스틱 ····················· 46~47, 95

ㅂ
밴드 왜건 효과 ····················· 50~51
비거니즘 ······································· 96
비단 ································ 18, 23, 44
뼈바늘 ··· 16

ㅅ
산업 혁명 ······························· 26~27
삼베 ·· 23~24
슬로 패션 ···································· 94
실크 로드 ······························· 18, 30

ㅇ
아크릴 ····································· 43, 45
업사이클링 ····························· 98, 102
온실가스 ······················ 45~46, 80, 83

ㅈ
증기 기관 ······································ 27

ㅊ
청바지 ······································ 76~77

ㅌ
탄소 발자국 ······ 82~83, 86~87

ㅍ
폴리에스테르 ························· 43~45
프리사이클링 ························ 102~103

ㅎ
한복 ·· 22~23

A ~ Z
RDS ·· 65
SPA 브랜드 ···································· 41